Jan Becker

Nichtraucher in 90 Minuten

PIPER

Zu diesem Buch

Endlich ohne Zigaretten und Vapes leben? Mit Jan Beckers Programm wird das möglich. Mit seiner einzigartigen Methode und in einfachen Schritten zeigt Deutschlands erfolgreichster Hypnotiseur, wie es gelingen kann, dauerhaft nicht mehr zu rauchen oder zu vapen. Sein Programm ist so wirksam, weil es all unsere Sinne anspricht. Durch eine veränderte Einstellung und praktische Übungen werden wir stark gemacht für die Entscheidung, ab sofort nicht mehr zu rauchen oder zu vapen.

Jan Becker, ausgebildeter Hypnosetrainer und SPIEGEL-Bestsellerautor, verfolgt die Vision, den über 13 Millionen Raucherinnen und Rauchern in Deutschland zu zeigen, wie sie in nur 90 Minuten, einfach und ohne Ersatzprodukt mit dem Rauchen oder Vapen aufhören können. Seit über zwanzig Jahren praktiziert er als erfolgreicher Hypnotiseur in Berlin und begeistert mit seinen Vorträgen und Live-Shows ein großes Publikum.
An seiner Akademie bildet er jährlich Nichtraucher Exzellenz Coaches aus und hat bereits mit seinem digitalen Nichtraucherprogramm über 80.000 Menschen erfolgreich zu Nichtrauchern gemacht. Mehr unter: www.jan-becker.com/nichtrauchen

Christiane Stella Bongertz ist Autorin und Kommunikationswissenschaftlerin und hat sich als solche intensiv mit der Konstruktion von Wirklichkeiten auseinandergesetzt. Außerdem unterstützt sie andere Menschen dabei, erfolgreich ihr Buchprojekt zu verwirklichen und gibt Schreib-Workshops in Schweden, wo sie lebt. www.schriftstella.de

Jan Becker

Nichtraucher in 90 Minuten

So kommst du dauerhaft vom Rauchen und Vapen los

PIPER

Mehr über unsere Autorinnen, Autoren und Bücher:
www.piper.de

Von Jan Becker liegen im Piper Verlag vor:
Nichtraucher in 90 Minuten
Wow – Die Magie des Staunens
Mit Mental-Power zum Wohlfühlgewicht
Du kannst Wunder vollbringen
Du kannst schaffen, was du willst
Entspannt schaffst du alles!
Du kannst schlank sein, wenn du willst
Du wirst tun, was ich will
Ich kenne dein Geheimnis

MIX
Papier | Fördert gute Waldnutzung
FSC® C021394
FSC www.fsc.org

PRODUZIERT MIT VERANTWORTUNG

Ungekürzte Taschenbuchausgabe
ISBN 978-3-492-32290-4
Januar 2026

Für einen direkten Kontakt und Fragen zum Produkt wenden Sie sich bitte an:
info@piper.de
Umschlaggestaltung: FAVORITBUERO, München
Satz: Eberl & Koesel Studio, Kempten
Gesetzt aus der Whitman-RomanLF
Litho: Lorenz & Zeller, Inning am Ammersee
Gedruckt von ScandBook in Litauen
Printed in the EU

Inhalt

Vorbemerkung zur überarbeiteten Neuausgabe

Egal, ob Sie rauchen oder dampfen: Aufhören ist sinnvoll – und einfach!

Als vor zehn Jahren die erste Ausgabe dieses Buches veröffentlicht wurde, rauchten die Menschen vor allem klassische Zigaretten aus Tabak. E-Zigaretten gab es zwar bereits, aber sie waren noch ein Randthema.

Das ist dabei sich zu ändern. Darum habe ich mir nicht nur aktuelle Studien zum Thema Rauchen und Raucherentwöhnung angesehen, neue Erkenntnisse ergänzt und anderes überarbeitet, sondern auch das Thema E-Zigaretten – umgangssprachlich Vapes genannt – mit in diese Neuauflage aufgenommen. Auch wenn die Konsumentinnen und Konsumenten von Vapes noch immer eine Minderheit unter den regelmäßig Rauchenden sind, steigt ihre Zahl kontinuierlich, vor allem bei jungen Menschen unter 25 Jahren – und bei langjährigen Raucherinnen und Rauchern, die vom klassischen Glimmstängel loskommen möchten. Letztere tun das, weil sie das Dampfen für die gesündere Alternative zum herkömmlichen Rauchen halten.

Zu den vielen Mythen rund ums Rauchen ist damit ein weiterer hinzugekommen. Vieles spricht nämlich mittlerweile dafür, dass auch das Vapen alles andere als der Gesundheit zuträglich ist – ganz unabhängig davon, ob in den verdampften Liquids Nikotin enthalten ist oder nicht. Neuere Studien fanden bis zu 127 giftige Stoffe im E-Zigaretten-Dampf, darunter die bekannten krebserregenden Toxine Formaldehyd und Acetaldehyd. Außerdem schädliche Schwermetalle wie Kadmium oder Blei, die sich aus den Heizspiralen lösen und im Dampf sogar in höherer Konzentration als in Tabakrauch vorkommen können. Das ist besonders gefährlich, weil der Dampf meist wesentlich stärker inhaliert wird als Zigarettenrauch und damit auch noch die letzten Lungenbläschen erreicht – und von dort aus können die Schadstoffe weiter in den Körper vordringen. Die beim Dampfen entstehenden Aerosole können das Erbgut schädigen, gesunde Zellen abtöten und die Zellvermehrung beeinträchtigen. Um nur ein paar Auswirkungen zu nennen.

Ich könnte jetzt noch vieles Weitere aufzählen, aber das Wesentliche ist vermutlich bereits klar geworden: Gesunde Zigaretten gibt es nicht – egal, für welche Form Sie sich entscheiden! Auch E-Zigaretten sind ungesund und darum keine echte Alternative zu Zigaretten aus Tabak. Für junge Menschen, die nie zuvor geraucht haben, ist das Dampfen wiederum häufig ein Einstieg – es ist keine Seltenheit, dass sie später zum unkomplizierteren Tabakrauchen übergehen und dann dabei bleiben.

Egal, zu welchem Zigarettentyp Sie greifen, es ist also sinnvoll, damit so bald wie möglich aufzuhören. Viele Menschen versuchen das – und fangen dann nach einiger Zeit wieder an. Dafür wird dann immer gern das Nikotin verantwortlich gemacht, das auch häufig im Liquid von E-Zigaretten enthalten ist. Nikotin, so heißt es auch von offiziellen Stellen, mache süchtig und Rauchen ebenso wie Vapen sei darum eine Sucht. Auch das sind hartnäckige Mythen. Oder anders gesagt: eine kollektive Suggestion und damit eine unmerkliche Hypnose.

Wie es sich tatsächlich verhält, das werden Sie bei der Lektüre dieses Buches erfahren. Und wenn Sie erst den Grund kennen, warum so viele Menschen an Zigaretten oder Vapes festhalten, wird es Ihnen ganz leicht fallen, dem Rauchen oder Dampfen ein für alle Mal den Rücken zu kehren. Versprochen!

Ich freue mich, Sie auf diesem Weg begleiten zu dürfen.

Ihr Jan Becker

Vorwort

Das unbekannte Terrain

Einst lebte in einer Steppe ein Löwe. In dieser Steppe war es immer sehr windig, und darum war das Wasser in den Wasserstellen, an denen der Löwe seinen Durst stillte, stets vom Wind gekräuselt. Nichts konnte sich in diesem Wasser spiegeln.

Doch eines Tages kam der Löwe bei der Jagd in einen fernen, dichten Wald, der wie ein Schutzschild den Wind abhielt. Der Löwe jagte dort, kletterte auf Bäume und vergnügte sich ausgiebig. So lange, bis er genug hatte und durstig wurde. Schnell fand er auf einer Lichtung einen Teich mit wunderbar klarem Wasser. Doch als der Löwe seinen Kopf über die Wasseroberfläche beugte, um zu trinken, erblickte er einen riesigen Löwen und schreckte zurück. Er wusste nicht, dass er sein eigenes Spiegelbild gesehen hatte, und glaubte, es mit einem Rivalen zu tun zu haben. Vorsichtshalber zog er los, um eine andere Wasserstelle zu suchen. Doch er fand keine. Also trabte er zurück zum Teich. Schon wieder glotzte ihn der fremde Löwe von der Wasseroberfläche aus an. Der Löwe riss daraufhin sein Maul auf und ließ ein furchterregendes Brüllen hören – aber, oje, der andere Löwe tat genau das Gleiche. Vor lauter Schreck suchte der Löwe erneut das Weite. Lange hielt er es nicht aus. Er war mittlerweile so durstig, dass er einfach trinken musste. So schlich er doch wieder zum Teich. Was sollte er anderes tun? Verdursten war schließlich auch keine Lösung. Doch, o Wunder, sobald er seine Schnauze in das kühle, wunderbar erfrischende Wasser tauchte, war der zweite Löwe verschwunden.

Ich erzähle Ihnen diese kleine allegorische Geschichte, die ihren Ursprung im persisch-afghanischen Kulturraum hat, weil ich Ihnen Mut machen möchte. Wie der Löwe in der Geschichte werden auch Sie gleich etwas Wunderbares tun: Sie werden Ihr gewohntes Revier verlassen und unbekanntes Terrain betreten, um neue Erfahrungen zu machen. Denn Sie haben sich entschieden, mit den Zigaretten oder mit dem Vapen aufzuhören.

Ein intuitiver Impuls hat Sie nach diesem Buch greifen lassen. Vielleicht haben Sie es geschenkt bekommen, aber Sie waren es, der es aufgeschlagen hat. Sie sind es, der gerade dieses Vorwort liest. Mit ziemlicher Sicherheit hat Ihr Unterbewusstsein dabei die Fäden gezogen. Es lenkt Ihren Blick und Ihre Wahrnehmung. Es ist Ihr persönlicher Assistent, niemand kennt Sie besser.

In unserer Gesellschaft kursieren viele Ansichten über das Rauchen, die sich bei näherem Hinsehen als Mythen entpuppen. Als Missverständnisse über Begriffe wie Abhängigkeit oder über die Wirkung von Nikotin. So, wie der Löwe am Teich sich vor seinem eigenen Spiegelbild fürchtet, fürchten darum Raucherinnen und Raucher, dass ihnen Unangenehmes widerfährt, wenn sie das Rauchen aufgeben. Dabei kann jeder von uns einfach, dauerhaft und ohne unangenehme Begleiterscheinungen Nichtraucher oder Nichtraucherin werden.

Jetzt ist ein ausgezeichneter Zeitpunkt, den Durst nach Veränderung zu stillen und endlich ein glücklicher Nichtraucher, eine glückliche Nichtraucherin zu werden, dem oder der es an nichts fehlt und der nichts vermisst. Jemand, der sich traut, täglich von der köstlichen Erfrischung eines neuen, erfüllten Lebens zu kosten.

Auch wenn Sie vielleicht noch Zweifel haben: Haben Sie Vertrauen! Sobald Sie den ersten Schritt wagen, werden sich Ihre Bedenken genauso verflüchtigen wie das furchterregende Spiegelbild des Löwen im gekräuselten Wasser. Ich stehe Ihnen dabei zur Seite. Wichtig ist erst einmal nur, dass Sie dieses Buch Seite für Seite lesen. In Ruhe. Überspringen Sie nichts. Machen Sie mit. Sie werden nichts missen, auf nichts verzichten müssen. Vielleicht klingt das für Sie im Moment noch vollkommen unmöglich, aber ich sage die Wahrheit. Es ist alles viel einfacher, als Sie denken. Sie werden staunen.

Kommen Sie mit mir, betreten Sie das unbekannte Terrain und lernen Sie Ihr neues Leben kennen.

Ihr Jan Becker

Kapitel 1

Überraschung auf den zweiten Blick: Ein erstaunliches Detail der Nikotinwirkung, Erkenntnisse über das Entstehen von Süchten – und was das für Ihr Vorhaben bedeutet, nicht mehr zu rauchen oder zu vapen

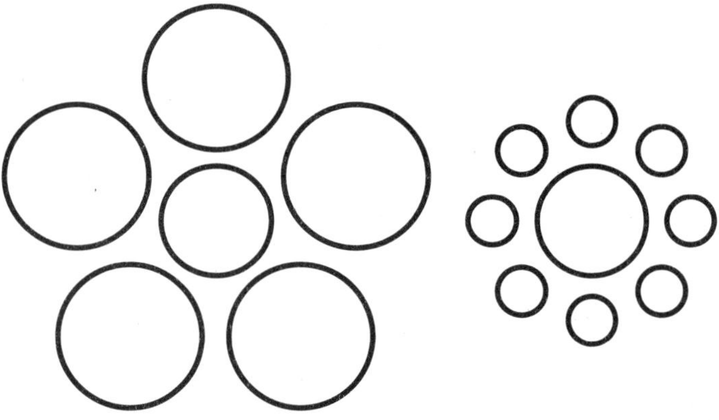

Schauen Sie sich bitte einmal die Zeichnung oben an. Richten Sie Ihren Blick jeweils auf das Zentrum der beiden »Blumen«. Was meinen Sie? Welcher mittlere Kreis ist größer? Der links oder der rechts? Lassen Sie sich Zeit. Schauen Sie genau hin. Kneifen Sie die Augen zusammen. Konzentrieren Sie sich. Und? Zu welchem Ergebnis kommen Sie?

Vielleicht kennen Sie dieses optische Experiment bereits. Vielleicht wissen oder ahnen Sie, dass beide Kreise genau gleich groß sind. Denn das sind sie, exakt gleich groß. Trotzdem können sich die meisten Menschen anstrengen, wie sie wollen, der mittlere Kreis in der rechten Zeichnung sieht nun mal einfach deutlich größer aus als jener in der linken. Diese optische Täuschung wurde von dem Gedächtnisforscher Hermann Ebbinghaus Ende des 19. Jahrhunderts entdeckt. In der nach ihm benannten »Ebbinghaus-Illusion« lassen die kleinen umgebenden Kreise das Zentrum in der rechten Figur *relativ* groß erscheinen, die größeren umgebenden Kreise lassen den mittleren Kreis in der linken Figur dagegen optisch schrumpfen. Das klingt logisch, dennoch ist nicht vollständig geklärt, warum unser Gehirn die Kreise einfach nicht als gleich groß wahrnehmen kann – selbst wenn wir uns anstrengen, nur auf die beiden Zentren zu schauen. Und sogar dann, wenn wir wissen, dass die Kreise gleich groß sind. Erst wenn man die umgebenden Kreise abdeckt oder wegradiert, die Ablenkung also ausschaltet, können wir die Kreise im Zentrum so wahrnehmen, wie sie sind: gleich groß.

Spannend ist dabei, was Forscher erst vor ein paar Jahren herausfanden. Kinder unter sieben Jahren werden vom gleichen Bild nicht getäuscht: Sie nehmen beide Mitten spontan als gleich groß wahr. In der Altersgruppe der Sieben- bis Zehnjährigen erliegen immer noch die meisten Kinder *nicht* der optischen Täuschung – erst danach werden sie genauso in die Irre geführt wie die Erwachsenen. Über die Gründe dafür lässt sich bislang nur spekulieren. Wahrscheinlich ist aber, dass kleine Kinder noch unvoreingenommen an die sie umgebende Welt herangehen. Sie sehen die Dinge unverstellt. Ohne Vorurteile. Sie haben noch keine gedanklichen

Gewohnheiten entwickelt, die die Welt um sie herum in Schubladen pressen. Beneidenswert, finden Sie nicht auch?

Zurück auf Los

Ich präsentiere Ihnen diese hübsche kleine Illusion natürlich nicht ohne Hintergedanken. Zunächst einmal bin ich ein großer Fan von Illusionen. Das hat mit meinem Job als Wundermacher und Hypnosekünstler zu tun. Meine Bühnenshows leben davon, die Menschen zum Staunen zu bringen. Aber vor allem möchte ich Sie darauf vorbereiten, dass vieles nicht so ist, wie es scheint. In diesem Punkt bin ich dann eher der Therapeut. Gerade zum Thema Rauchen gibt es jede Menge falsche Annahmen, die viele Menschen genauso teilen wie die falsche Sicht auf die »Ebbinghaus-Illusion«. Ich möchte Ihnen helfen, die Dinge wieder unvoreingenommen zu betrachten. Ich möchte Sie einladen, Ihre über Jahre gepflegten Annahmen übers Rauchen oder Vapen auf den Prüfstand zu stellen. Kommen Sie mit mir zurück auf Los. Werden Sie wieder zum Kind und lernen Sie die Welt – Ihre Welt – neu kennen. Das macht Spaß und lohnt sich. Dadurch wird sich für Sie die Möglichkeit eröffnen, Ihr Leben ganz genau so zu gestalten, wie Sie es möchten. Zum Beispiel wird es Ihnen den Abschied vom Glimmstängel oder den Vapes denkbar einfach machen.

Fangen wir direkt an mit dem Überprüfen der Annahmen: Glauben Sie auch, dass es schwierig ist, mit dem Rauchen aufzuhören? Wenn ja, dann gehören Sie der Mehrheit an. Sowohl rauchende als auch nicht rauchende Menschen sind der Ansicht, wer einmal mit dem Rauchen oder Dampfen angefangen habe, müsse sich schon ziemlich anstrengen, um davon wieder loszukommen.

Doch ist das wirklich so?

Berühmt-berüchtigt: Das Nikotin

Nehmen wir eine Zigarette mal genauer unter die Lupe. Im Rauch einer Zigarette befinden sich etwa 4800 Chemikalien, davon sind mehr als 250 giftig. Einige dieser Substanzen sind erbgutschädigend, andere krebserregend, wieder andere schädigen das Herz-Kreislauf-System. Aber es ist eine einzige Chemikalie, die die meisten Raucher wirklich beschäftigt, und dabei handelt es sich um das Nikotin. Viele Raucher sind der Ansicht, dass sie nicht rauchsüchtig sind, sondern nikotinsüchtig.

Schließlich haben wir alle schon so viel von der Wirkung des Nikotins gehört und gelesen. Nikotin besitzt tatsächlich eine Wirkung auf unseren Körper, vor allem auf das Gehirn. Führt man seinem Körper Nikotin zu, bindet sich das Nikotin im Gehirn an einen bestimmten Typ von Rezeptoren, die gewöhnlich auf Acetylcholin reagieren. Acetylcholin ist einer der wichtigsten Neurotransmitter – also ein Botenstoff unseres Nervensystems. Er ist unter anderem für die Reizübermittlung von Nerv zu Muskel, aber auch für die Signalübermittlung innerhalb von bestimmten Bereichen des Gehirns zuständig.

Auf Nikotin reagieren allerdings nicht alle Acetylcholinrezeptoren, sondern nur ganz bestimmte: die nikotinischen Acetylcholinrezeptoren – daher ihr Name. Auf diese Weise regt das Nikotin zum Beispiel kurzfristig Hirnregionen an, die uns wach und aufmerksam machen. Darum glauben viele Raucher, die in der Schule, der Ausbildung oder im Studium für Prüfungen büffeln, ohne Zigaretten nicht auskommen zu können.

Beim Rauchen wird aber allgemein eines als noch entscheidender angesehen: Die nikotinischen Acetylcholinrezeptoren setzen bei ihrer Aktivierung eine kurzfristige Steigerung der Dopaminproduktion in Gang. Dopamin ist eines der zentralen Hormone, die bei den Belohnungsmechanismen in unserem Gehirn eine Rolle spielen.

Ausflug in die kleine Alchemistenküche unseres Gehirns

Bis vor ein paar Jahren nahm man an, dass Dopamin selbst für ein Wohlgefühl sorgt. Heute ist man der Ansicht, dass der Botenstoff im Gehirn vor allem die Aufgabe hat, durch gesteigerte Ausschüttung Verlangen zu erzeugen. Eine weitere Funktion des Dopaminsystems ist es, Verhalten zu vermeiden, das in der Vergangenheit zu Schmerz oder Enttäuschung geführt hat, denn erleben wir eins von beidem wird die Dopaminausschüttung verringert oder auf null heruntergefahren. Dopamin wird normalerweise (also wenn seine Produktion nicht künstlich von einer Substanz wie Nikotin angestoßen wird) als Folge eines bestimmten Reizes ausgeschüttet. Etwa wenn jemand hungrig ist und ihm der Duft von Pommes frites in die Nase steigt. Als Reaktion auf den Reiz »Pommesduft« erzeugt Dopamin ein Verlangen – in diesem Beispiel nach Pommes frites. Ihr Gehirn erinnert Sie auf diese Weise daran, dass Sie sich beim Essen von Pommes frites bisher immer sehr gut gefühlt haben. Das liegt daran, dass – unter anderem – bei genussvollem Essen bestimmte Bereiche im Gehirn mit der Ausschüttung von Endorphinen reagieren. Im Volksmund werden Endorphine, die chemisch gesehen zu den Opiaten zählen, auch »Glückshormone« genannt. Die Vorfreude, die wir bereits spüren, wenn wir uns entschließen, die Pommes frites zu kaufen, ist wiederum ein Vorschuss auf den zu erwartenden Genuss – und diesen Vorschuss spendiert uns das Dopamin. Beim Essen der Pommes werden dann erneut Endorphine ausgestoßen und liefern die Belohnung dafür, dass wir dem »Befehl« des Dopamins Folge geleistet haben. Gleichzeitig sorgt das Wohlgefühl für eine frische Dopaminausschüttung.[1] In bestimmten anderen Fällen, etwa wenn wir sexuellem Verlangen nachgeben, bekommen wir unsere Belohnung nicht in Gestalt von Endorphinen, sondern in Form des entspannenden und zufrieden machenden Hormons Oxytocin. Auch dieses Wohlgefühl wird mit einer Dopaminausschüttung markiert, die uns beizeiten daran erinnert, wieder Sex zu haben.[2]

Kurz gesagt: Wenn wir dem vom Dopamin erzeugten Verlangen – egal worauf – nachgeben, fühlen wir uns gut.

Man hat festgestellt, dass sämtliche Drogen in irgendeiner Weise die Dopaminausschüttung oder die Dopaminbalance im Körper manipulieren. Darauf beruht ein Teil ihrer Wirkung. Sie leiten das Verlangen in die Richtung von Substanzen fehl, die uns schaden, und pfuschen damit den wirklichen Aufgaben der Belohnungsmechanismen des Gehirns ins Handwerk. Die Aufgabe von Dopamin ist es nämlich eigentlich, die Lust auf alles anzustoßen, was direkt oder indirekt

---

[1] Anders wäre es, wenn die Pommes frites nicht so gut schmecken wie erwartet, weil sie vielleicht nicht knusprig sind – dann wird weniger bis kein Dopamin erzeugt. Falls wir zuvor genügend Erfahrungen mit leckeren Pommes gesammelt haben, wird das nicht reichen, um uns die fettige Leckerei dauerhaft madig zu machen – aber wir meiden in Zukunft wahrscheinlich diesen speziellen Imbiss.

[2] Vor allem bei frisch Verliebten spielen hier noch einige andere Hormone eine Rolle, die das Verlangen noch verstärken, aber Dopamin ist dennoch immer dabei.

dem Lebenserhalt des Individuums oder dem Fortbestand unserer Spezies dient.

Zu den Dingen, auf die Dopamin natürlicherweise Lust macht, gehören etwa Sex, gutes Essen, erfolgreiches Lernen, das Kümmern um Babys und Kleinkinder, körperliche Bewegung, soziales Verhalten wie Helfen, aber auch bewusste Regeneration und Entspannung. So hat man zum Beispiel gemessen, dass der Dopaminspiegel zu Beginn einer jeden Meditation steigt. Ebenso bei Flow-Erlebnissen, also wenn wir uns zu einhundert Prozent auf eine Tätigkeit konzentrieren und ganz darin aufgehen – auch das ist eine Form der Meditation. Das Gleiche passiert bei Hypnose, denn im Grunde ist Hypnose nichts anderes als eine Meditation, die man mit Suggestionen – Botschaften fürs Unterbewusstsein – würzt. All diese Dinge machen also froh, ganz ohne Drogen.

Sie müssen sich natürlich nicht den ganzen komplizierten physiologischen Mechanismus merken, der Ihnen angenehme Gefühle beschert. Merken Sie sich vor allem eines: Um an Endorphine oder andere Stoffe zu kommen, die angenehme Gefühle auslösen, brauchen wir weder Zigaretten noch Drogen. Probieren Sie es am besten direkt aus – mit einer ebenso wunderbaren wie einfachen Atemmeditation:

Suchen Sie sich möglichst einen Ort, an dem Sie ungestört sind. Machen Sie es sich bequem. Setzen Sie sich im Schneidersitz aufs Sofa, stopfen Sie Kissen in den Rücken. Die Meditation funktioniert aber genauso gut am Schreibtisch im Büro, jedenfalls dann, wenn Sie die Möglichkeit haben, einen Augenblick die Tür zu schließen.

Lesen Sie vorab einmal den folgenden Text, damit Sie wissen, worum es geht, und Sie die Übung anschließend auch mit geschlossenen Augen machen können. Doch bevor Sie die Augen schließen, suchen Sie sich bitte zunächst an der gegenüberliegenden Wand einen Punkt, auf den Sie Ihren Blick fixieren. Atmen Sie ganz tief und entspannt und schauen Sie nur auf diesen einen Punkt. Sie werden merken, wie Sie dadurch selbst wirbelnde Gedanken sofort zur Ruhe bringen. Diese Technik wenden auch Yogis an: Sie fixieren den Blick auf ein kunstvolles Bild, ein sogenanntes Mandala, um so schnell wie möglich in einen meditativen Zustand zu sinken.

Sobald Sie gedanklich ganz ruhig sind, schließen Sie die Augen und beginnen mit dem Atemzirkel. Atmen Sie zwei, drei Minuten auf diese Weise – oder so lange, wie Sie mögen. Ich werde Sie in dieser kleinen hypnotischen Übung – und allen darauffolgenden – übrigens duzen weil Ihr Unterbewusstsein das »Du« besser versteht.

DER FLUSS DES ATEMS

Atme tief ein und aus.

Ruhig und entspannt.

Ein und aus.

Ein und aus.

Stell dir vor, wie du positive Energie durch die Nase einatmest.

Die positive Energie fließt hinab in die Vorderseite deines Körpers.

Fließt dann auf der Vorderseite deines Körpers nach unten.

Erfüllt deinen Brustkorb.

Deine Arme.

Deinen Bauch.

Deine Beine.

Bis hinein in deine Zehenspitzen fühlst du die Energie.

Beim Ausatmen steigt die Energie auf der Rückseite deines Körpers nach oben.

Über die Fersen in die Rückseite der Unterschenkel.

Die Rückseite der Oberschenkel.

Den Po.

Den Rücken hinauf.

Bis die positive Energie deinen Kopf ausfüllt.

Atme nun wieder ein.

(Etc.)

Ist es nicht wunderbar, wie das Wohlgefühl den ganzen Körper durchströmt? Wie sich der Stress in Luft auflöst? Wie Entspannung sich breitmacht und das Gedankenkarussell zur Ruhe kommt? Diese Übung ist nicht nur eine Möglichkeit, den Körper zur Bildung von Endorphinen anzuregen. Sie ist auch eine hervorragende Vorbereitung für die Selbsthypnose, zu der wir später noch kommen werden.

Der Mensch lechzt nach Belohnungen

Doch zunächst noch einmal zurück zur Zigarette: Im Gehirn wird also auch im Fall des Rauchens Dopamin ausgeschüttet. Wir *scheinen* es – oberflächlich betrachtet – also mit einer Droge zu tun zu haben. Die Annahme, dass Zigaretten oder E-Zigaretten Drogen sind, führt wiederum zu der Annahme, dass es unheimlich schwer sein muss, mit dem Rauchen oder Vapen aufzuhören. Beides sind Trugschlüsse, wie wir noch sehen werden!

Ich leugne keineswegs, dass das Rauchen oder Dampfen verschiedene angenehme Begleiterscheinungen hat, nach denen wir ein Verlangen haben können. Die haben allerdings sämtlich nichts mit dem Nikotin zu tun – und müssen darum auch nicht zwingend mit dem Rauchen einer Zigarette oder dem Vapen einhergehen. Was das für Begleiterscheinungen sein können, auch damit werden wir uns noch genauer auseinandersetzen.

Wichtig bei der Entwöhnung von herkömmlichen Zigaretten wie auch vom Vapen ist allerdings, sich das Bedürfnis nach Belohnung einzugestehen. Sich selbst zu belohnen ist kein Luxus, sondern eine Notwendigkeit. Bescheidenheit ist hier fehl am Platz. Wenn Sie sich selbst für wert befinden, belohnt zu werden, entziehen Sie den Zigaretten einen Großteil ihrer Macht. Genau aus diesem Grund dreht sich ein wichtiger Teil dieses Buchs darum, wie Sie problemlos das Schöne erhalten, das Sie bisher mit dem Rauchen bekommen haben – und das auch noch ganz ohne Gifte.

Wie das Nikotin seine Wirkung verliert

Zu Beginn reicht eine einzige Zigarette oder nikotinhaltige E-Zigarette, um die Dopaminausschüttung und damit Belohnungsmechanismen des Gehirns relativ stark zu aktivieren. Das macht natürlich erst mal Lust auf mehr. Das Ergebnis: Man beginnt zu rauchen oder zu vapen und gewöhnt sich dran. Der Griff zur Zigarette oder E-Zigarette wird mit einer Belohnung verknüpft.

Nun passiert allerdings etwas sehr Interessantes. Mit der Zeit werden die Rezeptoren unempfindlicher. Das funktioniert so: Durch das Nikotin ist ist zunächst unnatürlich viel Dopamin im Gehirn vorhanden. Um im internen Hormonhaushalt die Balance zu wahren, verfügt das Gehirn über raffinierte Mechanismen. Dazu gehört die Möglichkeit negativer Rückkopplung, die in diesem Fall greift: Übersteigt der Dopaminspiegel eine gewisse Grenze, gibt das Gehirn den Befehl, die Rezeptoren, deren Aktivierung zu der unnatürlichen Steigerung geführt hat, herunterzuregeln. Die nikotinischen Acetylcholinrezeptoren werden also unempfindlicher.

Das Ergebnis: Man braucht mehr Nikotin, um die anfängliche Wirkung zu erzielen. Die Dosis wird also gesteigert. Von ein paar Zigaretten oder Vaping-Pausen bis zu zehn, zwanzig, dreißig oder mehr pro Tag. Jede Zigarette und jede Vaping-Pause trägt dazu bei, dass die Rezeptoren weiter abstumpfen. Wenn dann eine Weile geraucht wurde – damit meine ich eher ein paar Wochen als ein paar Jahre –, bringt allerdings eine Steigerung des Zigarettenkonsums nichts mehr, weil die Rezeptoren maximal unempfindlich geworden sind.

Dieses Detail ist von sehr großer Bedeutung!

Bereits nach ein paar Wochen tendiert die körperliche Wirkung des Nikotins gegen null. Wenn man gewohnheitsmäßig raucht oder dampft, vielleicht sogar Kette raucht, gibt es so gut wie keine Wirkung mehr, mal abgesehen von möglicherweise einem winzigen Nikotinschub bei der allerersten Zigarette oder dem allerersten Vape am Morgen, weil sich die Rezeptoren über Nacht minimal erholt haben – was allerdings durch diese erste Zigarette oder die erste Vaping-Pause des Tages sofort wieder zunichtegemacht wird. Danach gibt es keinen durchs Nikotin verursachten körperlichen Effekt mehr, egal, wie viele Zigaretten man sich an diesem Tag zu Gemüte führt und auch egal, wie viele Vaping-Pausen man macht. Lassen Sie sich das mal auf der Zunge zergehen: Bei gewohnheitsmäßig Rauchenden oder Dampfenden ist das Nikotin wirkungslos!

Das klingt natürlich erst mal paradox.

Denn wenn die Wirkung des Nikotins verschwunden ist, warum sollte man dann immer weiter rauchen oder dampfen, eine nach der anderen? Ganz einfach: Weil nach einer Weile das Verlangen an sich so sehr zur Gewohnheit geworden ist, dass alle Raucherinnen und Raucher und alle Vaperinnen und Vaper *glauben*, ohne ihr Laster nicht mehr auskommen zu können.

Hier kommt ein Stoff ins Spiel, der eng mit dem Dopaminsystem zusammenarbeitet: das Protein DeltaFosB. Immer dann, wenn eine starke Dopaminfreisetzung erfolgt, steigen die Spiegel dieses Proteins im Nucleus accumbens. Das ist eine kleine, aber für das Ausbilden von Gewohnheiten wichtige Gehirnstruktur. Sie können sich DeltaFosB wie einen wichtigen »Schalter« im Gehirn vorstellen. Das Dopaminsystem nutzt diesen – epigenetischen – Schalter, um zu bestimmen, was als Belohnung empfunden wird und was nicht.

Steht er auf »an« – sind also die Niveaus von DeltaFosB relativ hoch – wird etwas als Belohnung erlebt. Steht der Schalter auf »aus« – die DeltaFosB-Level sind niedrig – ist das nicht der Fall. DeltaFosB spiegelt dabei die ursprünglichen Dopaminlevel: Eine hohe erste Dopamin-Ausschüttung bei den ersten Zigaretten oder Vapes bedeutet eine hohe DeltaFosB-Ausschüttung. Die Crux dabei: Anders als Dopamin bleibt DeltaFosB ungewöhnlich lange aktiv, nämlich ungefähr zehn Tage nach einem einzigen starken Reiz. Darum fungiert es als eine Art dauerhafte Post-it-Notiz am »Schwarzen Brett« im Gehirn: Ah, Rauchen/Vapen ist super! Rauchen oder dampfen Sie, davon angespornt, innerhalb dieser zehn Tage erneut, wird mit jeder Zigarette wieder Dopamin ausgeschüttet. Leider wird damit auch das DeltaFosB-Niveau jedes Mal ein bisschen weiter angehoben. So können aus den zehn Tagen Monate – manchmal Jahre – werden, die es braucht, bis DeltaFosB wieder komplett abgebaut ist. Mit Nikotin oder anderen Inhaltsstoffen in der Zigarette oder E-Zigarette hat das aber rein gar nichts zu tun, sondern allein mit den biochemischen Wirkmechanismen unseres Gehirns. Innerhalb dieser Zeit reicht oft eine einzige Zigarette, um die vermeintliche Nikotin-Sucht – die keine ist – wieder zu aktivieren. Darum verzweifeln so viele Menschen, die versuchen, vom Rauchen oder Vapen loszukommen.

Das geht übrigens sogar so weit, dass der Körper mit Nervosität und sogar Zittern reagiert, bis er seine vermeintliche »Droge« bekommt – selbst wenn deren zentrale Substanz inzwischen wirkungslos geworden ist. Doch hier haben wir es nicht mehr mit dem Nikotin zu tun, mit einer biochemisch verankerten Gewohnheit – und dem Glauben, es handele sich dabei um eine Nikotinabhängigkeit. Eine hochwirksame Selbsthypnose! Eine eingebildete Sucht. Beim Rauchen handelt es sich wie beim Dampfen auch um nichts anderes als um eine Gewohnheit. Eine – »dank« DeltaFosB – zwar hartnäckige, aber trotzdem eben nicht um eine echte Sucht. Bitte merken Sie sich: Sie brauchen das Nikotin nicht!

Fällt es Ihnen schwer, das zu glauben?

Ein schönes Leben macht immun gegen Drogen

Dann interessiert es Sie vielleicht, dass sich in der Wissenschaft immer mehr die Ansicht durchsetzt, dass sogar starke chemische Drogen nur dann das Potenzial haben, eine Abhängigkeit zu erzeugen, wenn noch andere Faktoren hinzukommen. Einer der Ersten, die diese These verfolgten, war in den Siebzigerjahren der kanadische Psychologieprofessor Bruce Alexander. Er hatte festgestellt, dass Ratten, die in einer artgerechten Umgebung mit vielen Spielkameraden, Beschäftigungsangeboten, Verstecken und Pflanzen lebten, selbst dann nicht von Kokain abhängig wurden, wenn sie rund um die Uhr die Möglichkeit hatten, zwischen »Kokainwasser« und normalem Wasser zu wählen. Ganz im Gegenteil, sie mieden die Droge sogar weitgehend.

Tiere hingegen, die ohne Stimulanz in einem tristen Käfig ohne andere Rattenfreunde gehalten wurden, waren bei der gleichen Wahlmöglichkeit sofort »drauf« und konnten nicht genug vom high machenden Wasser bekommen. Siedelte man diese Junkie-Ratten nun aber von der kargen »Hölle« ins »Rattenparadies« um, waren sie schnell wieder clean: Sie brauchten offenbar keine Droge, um ihr Dasein aufzupeppen, wenn es ihnen an nichts fehlte.

Zwar sind Menschen keine Ratten, es deutet aber einiges darauf hin, dass menschliches Suchtverhalten ähnlich gestrickt ist. Ein eindrucksvolles aktuelles Beispiel dafür ist das als »isländisches Modell« bekannt gewordene Präventionsprogramm, mit dem der Alkohol- und Zigarettenkonsum unter isländischen Teens dramatisch zurückgegangen ist. Von einer der europaweit höchsten Raten Ende der Neunzigerjahre zur niedrigsten überhaupt. Der Prozentsatz der Teenager, die (anonym) angeben, im vorhergehenden Monat betrunken gewesen zu sein, sank von zweiundvierzig Prozent im Jahr 1998 auf fünf Prozent 2017 – und bleibt seitdem auf diesem Level. Auch der Zigarettenkonsum brach extrem ein: Rauchten früher ungefähr ein Viertel aller Teens täglich, sind es jetzt nur noch etwa ein Prozent. Wie Island das geschafft hat? Ein wichtiger Baustein des Projekts sind staatlich finanzierte attraktive Angebote in Sport, Kunst und Kultur – erfüllende und sinnvolle Beschäftigungen für alle und ohne Zwang. Darüber hinaus erhalten alle Jugendlichen einen jährlichen Gutschein für weitere Freizeitaktivitäten von umgerechnet 360 Euro. Außerdem werden Gemeinschaftsprojekte gefördert – und Eltern ermuntert, möglichst viel Zeit auch mit ihren schon größeren Kindern zu verbringen. Das Ergebnis: Die jungen Leute fühlen sich wohl – und brauchen darum weder Alkohol noch Zigaretten.

Eine Substanz allein reicht also nicht, um Menschen »abhängig« zu machen. Selbst Patienten, die eine Weile das starke Schmerzmittel Diamorphin bekommen, sind in der Regel nicht abhängig, wenn die Behandlung – nach einem ausschleichenden Absetzen des Schmerzmittels – abgeschlossen ist. Und das, obwohl Diamorphin chemisch gesehen nichts anderes ist als Heroin, also die Droge, die als eine der stärksten überhaupt gilt.

Das »Paradox« von Vietnam: Drogensucht als sich selbst erfüllende Prophezeiung

Apropos Heroin: Zu Zeiten des Vietnamkriegs unternahm die Psychiaterin und Professorin Lee Nelken Robins von der Uni Washington eine groß angelegte Studie zu Drogenkonsum und daraus resultierender Abhängigkeit unter US-Soldaten. Während des Vietnamkriegs war Drogenkonsum unter den Soldaten sehr verbreitet: 34 Prozent aller Soldaten, die in den Jahren 1970 und 1971 dort stationiert waren, nahmen Heroin, ein ähnlich hoher Prozentsatz Opium. Beides war in Vietnam billig und leicht zu bekommen.

Das überraschende Ergebnis von Robins' Untersuchung war: Nur ein winziger Teil der Soldaten, die in Vietnam von Heroin und ähnlichen als stark klassifizierten Drogen physisch abhängig gewesen waren,[3] blieb auch nach der Rückkehr in die USA abhängig: lediglich fünf Prozent. Das waren vor allem Männer, die gleichzeitig auch noch andere Drogen nahmen, wie etwa Barbiturate oder Amphetamine, und die damit oft schon vor ihrer Zeit in Vietnam begonnen hatten. Die restlichen 95 Prozent litten zunächst nach ihrer Rückkehr für kurze Zeit unter starken körperlichen Entzugserscheinungen. Waren die einmal überwunden, war die vorherige Abhängigkeit kein Thema mehr. Ohne Entzugstherapie. Einfach so.

Forscherin Robins zog daraus den Schluss, dass insbesondere Heroin eine nicht ganz so starke Droge ist, wie allgemein angenommen. Und als sie ihre Studie 20 Jahre später für einen wissenschaftlichen Artikel im Fachmagazin *Addic-*

---

[3] Gemessen und beurteilt anhand der Einnahmefrequenz und der Entzugserscheinungen bei plötzlicher Abstinenz.

tion auf Aktualität überprüft hat, kam sie wieder zu den gleichen Schlussfolgerungen. Heroinabhängigkeit verglich sie mit einer »Self Fulfilling Prophecy«, einer sich selbst erfüllenden Prophezeiung. Mit anderen Worten: Nur wer erwartet, dauerhaft abhängig zu sein, ist es auch. Wer das nicht tut, ist es nicht. Wahrscheinlich verbuchten die Soldaten die Drogen als Kriegserfahrung und erwarteten, dass sie zu Hause keine Drogen brauchten – und so war es dann auch. Hinzu kam, dass die Soldaten in den USA in eine vollständig andere Umgebung und Lebenssituation zurückkamen. Die Soldaten hatten sich daran *gewöhnt,* unter bestimmten Umständen und in bestimmten Situationen Drogen zu konsumieren. Situationen und Umstände, die es in ihrem Leben zu Hause nicht gab. So war es für den Großteil der Männer ein Leichtes, den Konsum zu unterlassen.

Offenbar braucht es also zum Ausbilden einer Abhängigkeit noch andere Voraussetzungen psychischer Natur als lediglich eine Substanz, die mehr oder weniger im Dopaminhaushalt des Gehirns herumfuhrwerkt. Diese Ansicht erlebt heute unter modernen Wissenschaftlern eine Renaissance.

Nicht einmal »klassische« Drogen wie Heroin oder Opium machen also zwingend süchtig. Wieso sollten dann ausgerechnet Zigaretten oder Vapes weltweit Menschen in eine fatale körperliche Abhängigkeit zwingen? Die Antwort darauf kann nur sein: Sie tun es nicht.

Kapitel 2

Das Leben in die Hand nehmen: Wie Ihre Erwartung Ihre Wirklichkeit formt, die drei magischen Worte des Nichtrauchens lauten und bereits Ihre Entscheidung, nicht mehr zu rauchen oder zu vapen, Sie glücklich macht

Ich möchte Sie nun bitten, einige Fragen zu beantworten. Nicht mir, sondern sich selbst. Ich empfehle Ihnen, sich zu diesem Zweck ein schönes Heft zu besorgen, das Sie von nun an in Ihrem neuen Leben als Nichtraucherin oder Nichtraucher begleitet – oder eben als jemand, der grundsätzlich nicht dampft. Dazu einen Stift, der angenehm in der Hand liegt und mit dem Sie schön schreiben können. Es ist sehr wichtig, dass Sie die Fragen nicht nur im Kopf beantworten, sondern dass Sie sie niederschreiben. Das zwingt Sie dazu, sich klar und deutlich auszudrücken – eine wichtige Voraussetzung, damit Ihr Unterbewusstsein[4] versteht, was Sie vorhaben.

[4] Eine wichtige Anmerkung: Ich verwende in diesem Buch den umgangssprachlichen Begriff »Unterbewusstsein« für das – wie es korrekt heißen müsste – Unbewusste.

Außerdem verfestigt sich durch das Aufschreiben der Inhalt des Geschriebenen im Gehirn wesentlich besser, als wenn Sie Dinge nur denken. Das hat unter anderem damit zu tun, dass die Zentren für Handmotorik und Mundmotorik im Gehirn direkt nebeneinander liegen. Die Handbewegung und die gesprochene Sprache sind so unmittelbar verbunden. So werden die Inhalte buchstäblich in der Erinnerung festgeschrieben. Bitte beantworten Sie die Fragen darum auch nicht am Computer. Beim Tippen auf der Tastatur ist dieser Effekt des Festschreibens nämlich ungleich geringer als bei richtiger Handschrift: Jede Taste ist für unsere Finger gleich, während das Schreiben eines jeden Buchstabens mit seinen Schnörkeln, Strichen und Punkten sich für unsere Hand anders anfühlt – für unser Gehirn sind das alles Extrainformationen, die in zahlreiche neuronale Verknüpfungen umgesetzt werden.

Nehmen Sie sich Zeit für die Beantwortung der Fragen, machen Sie sich bewusst, was Sie da aufschreiben. Hetzen Sie nicht durch die Fragen, denn Ihre Antworten bilden die gedankliche Grundlage für Ihre Zukunft als entspannter nicht rauchender und nicht vapender Mensch, sie bereiten Sie darauf vor. Lassen Sie es darum ruhig etwas feierlich angehen. Legen Sie entspannende Musik auf, trinken Sie eine Tasse Tee. Freuen Sie sich: Sie machen gerade den ersten Schritt in Ihre rauchfreie und dampffreie Zukunft!

Bitte behalten Sie unbedingt das Heft, in dem Sie die Fragen beantwortet haben, denn diese Antworten definieren Ihre Startposition in einem Leben, in dem Sie weder Zigaretten noch Vapes brauchen, um glücklich und zufrieden zu sein. Sie sind eine Bewusstmachung Ihrer Gewohnheit und Ihrer Motivation, ein für alle Mal das Rauchen oder Dampfen aufzugeben. An ihnen können Sie Ihren Fortschritt ablesen.

Außerdem sind Ihre Antworten das Material, um mit diesem Buch erfolgreich zu arbeiten: Wir werden in den kommenden Kapiteln auf die darin abgefragten Aspekte zurückkommen, um damit unterschiedliche Dinge anzustellen.

Kommen wir nun also zu den Fragen:

Sieben Fragen vorab

1. Wie viele Zigaretten rauchen Sie im Durchschnitt am Tag? Oder: Wie viele Vaping-Pausen machen Sie am Tag?

Schreiben Sie die Zahl auf. Berechnen Sie dann, wie viel Geld Sie im Schnitt am Tag für Zigaretten oder Vapes samt Liquids ausgeben. Schreiben Sie auch diesen Betrag auf. Rechnen Sie aus, wie viel Geld sich im Monat, im Jahr und in zehn Jahren im blauen Dunst oder farblosen Dampf auflöst. Schreiben Sie auch diese Zahlen auf. Freuen Sie sich schon einmal: All dieses Geld werden Sie bald für andere Dinge zur Verfügung haben.

2. Haben Sie schon einmal mit dem Rauchen/Vapen aufgehört?

Wenn ja, wie lang war die Zeitspanne, in der Sie nicht geraucht/gedampft haben? Die Beantwortung dieser Frage ist sehr wichtig, weil sie Ihnen – im Falle einer positiven Beantwortung – zeigt, dass Sie es bereits einmal geschafft haben. Was wir einmal schaffen, können wir auch ein zweites Mal hinbekommen! Bitte schreiben Sie auch auf, wie Sie es damals geschafft haben, für eine gewisse Zeit mit dem Rauchen oder Vapen aufzuhören. Wichtig ist die Erkenntnis: Sie waren rauchfrei/dampffrei. Es geht. Das bedeutet übrigens nicht, dass Sie dieses Mal die gleiche Methode wie damals anwenden sollen, denn Sie möchten ja ein dauerhaftes Ergebnis erzielen – das ist einfacher, als Sie glauben.

3. Was ist, für Sie persönlich, das Positive am Rauchen/Vapen?

Diese Frage ist für jemanden, der bisher immer davon ausging, körperlich abhängig zu sein, oft erst mal ungewohnt. Was habe ich denn bloß vom Rauchen/Vapen – außer dem Nikotin? Aber wenn Sie die Frage ein bisschen sacken lassen, werden Sie sicher auf das eine oder andere kommen. Schreiben Sie alles auf, was Ihnen einfällt. Ich gebe Ihnen hier erst einmal bewusst keine Hilfestellung mit Beispielen. Warum, werden Sie noch verstehen. Diese ganz persönlichen positiven Seiten des Rauchens oder Vapens sind von sehr großer Bedeutung für das Gelingen Ihres Vorhabens. Darum lassen Sie sich Zeit, denken Sie nach – wir werden bald auf Ihre hier gegebenen Antworten zurückkommen.

4. Nun kommen wir zur Kehrseite der Medaille. Was ist – nur für Sie persönlich – das Negative am Rauchen/Vapen?

Auch hier gilt: Schreiben Sie alles auf, was Ihnen einfällt. Das kann der Stress sein, immer Zigaretten zur Hand haben zu müssen. Der Konflikt mit dem nichtrauchenden Freund oder der Freundin. Der morgendliche Husten. Die hohen Kosten. Die Gesundheitsgefährdung. Dass Sie die Tabakindustrie stützen. Der Gestank. Die grausamen Tierversuche der Zigarettenindustrie. Der viele Müll. Der Druck, immer und überall einen Platz ausfindig machen zu müssen, an dem Sie rauchen/vapen können. Das Gefühl, als willensschwach angesehen zu werden, weil Sie es nicht schaffen, vom Rauchen oder Vapen loszukommen. Und so fort.

5. Warum möchten Sie Nichtraucherin oder Nichtraucher sein? Warum wollen Sie zu vapen aufhören?

Wichtig: Die Antwort auf diese Frage muss nicht identisch sein mit der Antwort auf Frage vier! Sie kann Elemente daraus enthalten, aber der Grund, der uns letzlich motiviert, ist meistens nur ein einziger.

Das könnte sein, dass Sie Ihre Kinder nicht mit Passivrauchen gefährden möchten – oder dem Passivdampfen. Ja, richtig gelesen: Es gibt selbst beim Vapen eine gewisse Passivbelastung anderer Menschen, weil die beim Verdampfen des Liquids entstehenden Aerosole auch in die Raumluft gelangen. Vielleicht haben Sie auch Angst, Ihren Kindern ein schlechtes Vorbild zu sein und sie später ungewollt zum Rauchen oder Dampfen zu animieren. Ein Grund könnte auch sein, dass Sie nicht so enden möchten wie Onkel Eusebius, der viel zu früh und unter Qualen an Krebs gestorben ist. Vielleicht wollen Sie auch endlich mit dem Rauchen oder Dampfen aufhören, weil Sie das, was Kollege Lohmann geschafft hat, schon lange können. Weil Sie endlich Geld für andere Dinge zur Verfügung haben möchten. Und so weiter.

Reservieren Sie bitte eine komplette Doppelseite in Ihrem Heft für diesen Hauptgrund. Ergänzen Sie den folgenden Satz:

Ich will Nichtraucherin/Nichtraucher sein, weil …
Oder: Ich will nicht vapen, weil …

Kreisen Sie sich den Satz ein. Unterstreichen und fetten Sie ihn. Malen Sie ihn mit dem Textmarker in Neonfarben an. Zeichnen Sie Herzchen oder Ausrufezeichen drumherum, was immer Ihnen gefällt, um Ihrer Entschlossenheit Ausdruck zu verleihen. Freuen Sie sich darauf, dass Sie schon bald das »will« und »sein« durchstreichen können, um ein großes »BIN« daraus zu machen.

6. Können Sie nun sofort mit dem Rauchen/Vapen aufhören? Oder glauben Sie, dass Sie noch nicht so weit sind?

Vielleicht haben Sie jetzt bereits die Entscheidung getroffen, einfach sofort mit dem Rauchen oder Dampfen aufzuhören. Ohne längere Vorbereitung. Dann nur zu: Hören Sie einfach auf! Besser geht es nicht! Wenn das nicht so ist: Bitte schreiben Sie auch das auf – und warum Sie der Ansicht sind, noch Zeit zu brauchen.

DIE GRAUEN KATZEN

Bevor ich zur siebten Frage komme, möchte ich Ihnen mit einer Übung zeigen, wie leicht wir den Fokus verschieben können!

Bitte lesen Sie den folgenden Satz laut:

In der Nacht sind alle
alle Katzen grau

Lesen Sie ihn einmal. Zweimal. Dreimal.

Sie haben wahrscheinlich »In der Nacht sind alle Katzen grau« gelesen, richtig? Nun schauen Sie noch einmal genau hin. Das steht da gar nicht! Da steht: »In der Nacht sind alle alle Katzen grau«. Das »alle« wird wiederholt. Aber es entspricht unserer Erwartungshaltung, dass dort »In der Nacht sind alle Katzen grau« geschrieben steht. Wir kennen den Spruch. Darum übersehen wir das zweite »alle«, es fällt durchs Raster unserer Wahrnehmung. Unsere Erwartung bestimmt den Fokus. Sie bestimmt, was wir wahrnehmen. Unsere Erwartung bestimmt unsere Realität. Wenn wir erwarten, auf ewig weiter zu rauchen oder weiter zu vapen, so werden wir vermutlich recht behalten. Erwarten wir dagegen, mit dem Rauchen oder Vapen aufhören zu können, so wird sich auch das mit großer Wahrscheinlichkeit bewahrheiten. Ihre Erwartung bestimmt auf diese Weise Ihre Zukunft. Beantworten Sie bitte mit diesem Wissen im Hinterkopf die folgende Frage.

7. Wissen Sie, wie Ihre Wirklichkeit wirklich wird?

Halten Sie die Wirklichkeit, die Sie umgibt, für gegeben? Für etwas Unveränderliches, etwas, das »nun mal die Realität« ist – wie der Stuhl oder Sessel, auf dem Sie sitzen, während Sie dies hier lesen?

Dann möchte ich Ihnen etwas zu bedenken geben: Selbst wenn es so etwas wie eine objektive Realität gibt – wie Ihren Sessel oder überhaupt alle Dinge und Wesen auf unserer Erde, das Weltall mit Planeten, mit Sonnensystemen und so weiter –, so gestalten wir unsere eigene Realität dennoch selbst. Das magische Instrument, das unsere Wirklichkeit bestimmt, heißt – Sie haben es gerade gemerkt – »Erwartung«. Was wir erwarten oder auch nur denken, hat die Tendenz, real zu werden, weil es unseren Blick und unsere Erfahrung von unserem Unterbewusstsein aus lenkt.

Machen Sie ein weiteres Experiment: Schließen Sie einmal die Augen und denken Sie intensiv an das Wort »rot«. Wenn Sie die Augen wieder öffnen, schauen Sie sich um: Ihnen springen nun automatisch alle roten Details ins Auge. Schon allein so ein kleines Wörtchen hat Ihre Wahrnehmung innerhalb von wenigen Sekunden effektiv in eine neue Richtung gesteuert.

Überlegen Sie einmal, was logischerweise mit Ihrer Realität passiert, wenn Sie nun tagein, tagaus denken: »Ich bin Raucher.«/»Ich bin Raucherin.« (Oder eben: »Ich vape.«) In diesem Fall wird Ihr Unterbewusstsein Indizien dafür sammeln und Ihnen als Beweise für dieses Konzept präsentieren. Es wird Ihre Aufmerksamkeit auf die Unruhe lenken, die Sie empfinden, wenn Sie morgens aufwachen, und wird diese als Verlangen nach einer Zigarette interpretieren. Es wird das Gefühl von Müdigkeit, den Genuss einer Tasse Kaffee, das Warten auf einem Bahnsteig, eine Party, den Moment nach dem Sex als Situationen identifizieren, in denen Sie eine Zigarette »brauchen«. Mit jeder Zigarette und dem damit verknüpften Verhalten wird diese »Ich bin Raucher«-Wirklichkeit weiter verfestigt.

Wenn Sie denken »Ich kann nur entspannen, wenn ich rauche/vape« oder »Ich kann nur mit einer Kippe im Mund klar denken«, sind das Erwartungen, die sich selbst bestätigen, weil sie eine Handlung oder auch »nur« ein Verlangen einleiten, etwas Bestimmtes zu tun – nämlich nach einer Zigarette oder E-Zigarette zu greifen. Sie gestalten damit eine Realität, in der Sie Raucherin oder Raucher sind oder in der Sie jemand sind, der regelmäßig dampft. Ihr System, also die Einheit von Unterbewusstsein und Bewusstsein, von Körper und Geist, erhält konstant dieselbe Botschaft, nach der es sich beflissen richtet – denn Sie sind schließlich der Chef!

Die Konsequenz daraus kann nur sein: Ändern Sie den Kurs! Fangen Sie stattdessen jetzt damit an, eine Erwartungshaltung zu verinnerlichen und zu pflegen, in der Sie eine Person sind, die nicht raucht und die auch nicht dampft. So wird Ihrem System nichts anderes übrig bleiben, als dieses Konzept auf Dauer wahr werden zu lassen. Es wird dann Wege finden, wie Sie ganz ohne Zigarette oder E-Zigarette oder Vapen entspannende Momente im Alltag finden können, wie Sie noch viel klarer denken, als Sie es je mit ihrem vermeintlichen Suchtobjekt getan haben, es wird zusehen, wie Sie auch ohne Zigarette nette Kontakte knüpfen oder eine Wartezeit kurzweilig überbrücken können.

Machen Sie sich das bitte bewusst: Sie nehmen jetzt Ihr Leben in die Hand und beginnen, eine neue Realität zu gestalten! Zunächst bewusst – Sie haben schließlich bewusst zu diesem Buch gegriffen und lesen jetzt bewusst diesen Text. Aber während Sie dem folgen, was ich Ihnen in diesem Buch vorschlage, die Gedanken mitdenken, die Übungen machen, Dinge ausprobieren, wird nach nur kurzer Zeit eine neue Realität beginnen, Form anzunehmen. Eine Realität als entspannter und zufriedener nicht rauchender oder nicht vapender Mensch wird auch Ihr Unterbewusstsein durchdringen, und Sie werden diese Realität ganz automatisch leben. Damit zu beginnen ist ganz leicht – Sie müssen lediglich Ihre Erwartungshaltung ändern und verstehen, was beim Rauchen oder Dampfen eigentlich passiert!

Keine Sorge, wenn Sie jetzt erst einmal noch nicht wissen, wie Sie das anstellen sollen – ich werde Ihnen dabei helfen, Schritt für Schritt.

DIE MAGISCHEN DREI WORTE

Nun möchte ich Sie bitten, sich ganz zu öffnen. Lassen Sie sich auf das folgende kleine Gedankenspiel ein. Machen Sie gedanklich eine Tür auf, lassen Sie die Vorstellung einfach herein. Ich möchte, dass Sie sich etwas ausmalen. Eine kleine Szene. Stellen Sie sich vor, Sie sind bereits Nichtraucher/Nichtraucherin und Sie dampfen auch keine Vapes. Grundsätzlich. Nie. In Ihrer Vorstellung ist das ein Fakt. Sie reduzieren nicht langsam Ihren Konsum, Sie sind nicht dabei, das Rauchen oder Vapen aufzugeben. Sie packen nichts »endlich« an. Sie versuchen nichts. Nein, es ist ganz einfach so: Sie *sind* Nichtraucherin! Sie vapen nicht! Und so genießen Sie Ihren Tag! Sie *sind* Nichtraucher. Sie genießen Ihr Wochenende. An diesem Wochenende treffen Sie sich mit Ihren Freunden. Nun bietet Ihnen jemand eine Zigarette an. Sie müssen nicht lange überlegen, was Sie tun. Sie sagen:

»Ich rauche nicht!«

Es ist sehr wichtig, dass Sie sich diese drei Worte merken. Denn sie sind die einzige – ja, wirklich die einzige – mögliche Antwort für einen Nichtraucher und eine Nichtraucherin, aber auch für alle, die nicht vapen. Das heißt: für Sie. Sie sagen auf das Angebot einer Zigarette hin nicht »Nein«, denn darin würde ein »gerade nicht« implizit mitschwingen. Das würde bedeuten, dass sie zwar momentan keine Lust auf eine Zigarette haben, aber grundsätzlich schon rauchen. Und wer sagt: »Ich rauche nicht *mehr*«, muss nun lange erklären, wie er es geschafft hat, das Rauchen aufzugeben. Dadurch richtet sich der Fokus wieder auf das Rauchen, und man ist jemand, für den das Nichtrauchen noch keine Selbstverständlichkeit ist, sonst wäre der Zusatz »mehr« ja nicht notwendig.

Machen Sie nicht diesen Fehler. Genießen Sie stattdessen den Moment, wenn Ihre Freunde verwirrt schauen, sobald sie realisieren, dass Sie sich entschieden haben. Denn mit dem einfachen Satz »Ich rauche nicht« wird das unmissverständlich klar. So antwortet ein Nichtraucher! So antwortet eine Nichtraucherin! Und das sind Sie: Ein Mensch, der nicht raucht – und auch nicht dampft!

Und wenn noch nicht jetzt, dann dafür sehr bald.

In Ihrem Unterbewusstsein schlummern Zauberkräfte

Vermutlich haben Sie sich lange genug Gedanken darüber gemacht, wie Sie es schaffen sollen, Ihr Rauch- oder Dampfproblem loszuwerden. Wenn Sie dieses Buch gekauft haben, hatten Sie vermutlich die Idee, dass Hypnose und dieser Hypnosemensch Jan Becker Ihnen dabei helfen könnten. Das ist grundsätzlich eine sehr richtige Annahme, und ich werde Ihnen in diesem Buch hochwirksame hypnotische Übungen an die Hand geben. Ich werde Sie außerdem anleiten, wie Sie verschiedene Selbsthypnosen durchführen, die Ihr neues Selbstverständnis als Nichtraucherin oder Nichtraucher oder als Mensch, der nicht dampft in Ihrem Unterbewusstsein verankern!

Die meisten Menschen haben allerdings noch nie Hypnose erlebt. Viele, die zu mir kommen, haben mich im Fernsehen gesehen und sind so auf die Idee gekommen, mich zu konsultieren. Sie sagen dann zunächst: »Ich bin durchs Rauchen krank geworden. Jan, mach was, damit ich endlich aufhöre!« Ich muss dann immer erst einmal ein grundlegendes Missverständnis über Hypnose aufklären. Ich lasse Menschen nicht mit dem Rauchen oder Vapen aufhören. Es gibt keinen Zauberspruch, kein Simsalabim, und schon ist der blaue Dunst (oder der farblose Dampf) passé. Ich bewirke nicht mit magischen Kräften, dass jemand keine Zigarette oder E-Zigarette mehr anfasst, denn ich bin kein Zauberer. Das macht aber nichts, denn diese magischen Kräfte hat jeder denkende Mensch ganz allein. Es handelt sich dabei um die Fähigkeit, die eigene Realität nach unserem Willen umzugestalten!

Das Wichtigste haben Sie schon geleistet. Sie haben ein Ziel formuliert: Sie möchten ein gesunder, das Leben genießender Mensch sein der zum Genießen keine Zigaretten oder Vapes benötigt. Wer genau weiß, was er oder sie will, und sich dieses Ziel plastisch vorstellen kann, hat das Rüstzeug, es auch zu erreichen. Ich zeige Ihnen, wie das geht. Trotzdem werden Sie die notwendigen Änderungen in Ihrem Leben selbst vornehmen. Das bedeutet auch, dass Sie allein stolz darauf sein können, wenn Sie sich da draußen in der Welt bewegen und, ganz einfach, Nichtraucher oder Nichtraucherin sind und ebenfalls keine Vapes dampfen. Sie brauchen keinen Ersatz. Sie sind frei von unangenehmem Geruch, frei vom Zwang, immer Zigaretten, Einweg-Vapes oder Nachfüllpacks vorrätig haben zu müssen, frei von allen negativen Dingen, die Sie in der Antwort auf Frage Nummer vier aufgeschrieben haben. All diese negativen Dinge sind mit einem Mal weg. Tauchen Sie jetzt noch einmal in Ihre Vorstellung ein, wie Sie es eben in der kleinen Gedankenübung getan haben, tauchen Sie ein in Ihre neue Realität. Machen Sie es sich mit Genuss bewusst, welche Belastungen Sie mit einem Schlag alle losgeworden sind.

Der Moment der Entscheidung, das Rauchen sein zu lassen oder das Vapen aufzugeben, ist der wichtigste. Niemand anders kann das für Sie übernehmen. Niemand kann Sie zwingen – Ihr Arzt nicht, Ihr Partner nicht, die abschreckenden Texte auf den Packungen nicht, ich nicht. Allein Sie entscheiden sich, ab sofort Nichtraucher/Nichtraucherin zu sein und/oder nicht mehr zu vapen. Es ist Ihr freier Wille.

Damit machen Sie eine neue Realität möglich, Ihre Realität als nicht rauchender oder nicht vapender Mensch. Und wissen Sie, was noch so wundervoll an dieser Entscheidung ist: Entscheidungen machen glücklich! Das ist nicht nur eine Floskel, sondern wissenschaftlich nachgewiesen. Der Neurobiologe Mauricio Delgado von der Rutgers University im US-amerikanischen Newark hat das in einem Versuch mit einem einfachen Computerspiel gezeigt, in dem die Testpersonen um Spielgeld zocken konnten. Die Probanden reagierten bereits mit einer Aktivierung ihres Belohnungszentrums im Gehirn, wenn sie selbst entscheiden durften, welches Symbol sie auf dem Bildschirm anklickten. Ob sie dadurch etwas gewannen, war völlig egal, das Wohlgefühl entstand jedes Mal, wenn die Teilnehmer selbst bestimmen durften. Entschied dagegen der Computer für den Versuchsteilnehmer, welches Symbol angeklickt werden sollte, gab es keine Glücksgefühle

– selbst dann nicht, wenn den Probanden durch die Entscheidung des Computers eine Summe Geld zufiel.

Entscheidungen machen also glücklich, weil sie uns beweisen, dass wir Kontrolle über das eigene Leben haben.

Per Express in die (schöne) Zukunft: Ich bin Nichtraucherin! Ich bin Nichtraucher! Und ich vape auch nicht!

Ich möchte Ihnen jetzt eine erste hypnotische Übung zeigen, mit deren Hilfe Sie Ihren Entschluss, Nichtraucher oder Nichtraucherin zu sein oder nicht mehr zu vapen, direkt in Ihrem Unterbewusstsein verankern können. Tun Sie das bitte selbst dann, wenn Sie vorhin Frage Nummer sechs – ob Sie schon bereit seien, mit dem Rauchen oder Dampfen aufzuhören – negativ beantwortet haben. Stellen Sie sich in diesem Fall einfach erneut vor, Sie seien ein Stückchen in die Zukunft gereist, hin zu dem Tag, an dem Sie sich tatsächlich entschieden haben. Oder hören Sie bloß testweise einmal auf – mit der Option, jederzeit wieder anzufangen. Das ist kein Scherz: Es ist enorm wichtig, dass Sie sich zu nichts zwingen, Verbote sind absolut kontraproduktiv, wie wir noch sehen werden.

Die hypnotische Übung besteht im ersten Schritt aus einer klassischen Induktion – so nennt man eine Methode, die in die Hypnose führt – und im zweiten Schritt aus Ihrem neuen Glaubenssatz, der Suggestion: »Ich habe mich entschieden! Ich bin Nichtraucher!« Oder: »Ich vape nicht!«

Als Induktion eignet sich die sogenannte Elman-Induktion besonders gut. Sie ist seit den Fünfzigerjahren erprobt und wird unter anderem erfolgreich von vielen Zahnärzten und anderen Ärzten eingesetzt, um Patienten, die keine Betäubung vertragen, schmerzfrei behandeln zu können.

Der Schöpfer der Induktion, Dave Elman, wurde als Achtjähriger Zeuge, wie ein Freund der Familie das »Wunder« fertigbrachte, Daves vom Krebs gezeichneten Vater weitgehend von Schmerzen zu befreien. Mit Hypnose. Von diesem Augenblick an befasste sich auch Dave mit Hypnose. Bevor seine Passion allerdings zu einer Karriere avancierte, wurde er zunächst Musiker, Komponist, Dichter und ein populärer Radiomoderator. Die Hypnose blieb lange Zeit eher ein Hobby. Bis zu jenem Tag im Jahr 1948, als er eine Benefiz-Radioshow organisierte – wie damals üblich live. In letzter Minute erfuhr Elman, dass der Star der Show nicht kommen konnte. Spontan hielt er eine Showhypnose ab – und wurde hinterher von anwesenden Ärzten bestürmt, ihnen doch bitte beizubringen, was sie gerade erlebt hatten.

Elmans Induktion ist darum so wunderbar, weil sie extrem einfach ist und extrem schnell. Man muss keine Erfahrung mit Hypnose haben, damit sie funktioniert. Wenn man das Skript liest – so werden Texte genannt, die zum Zweck der Hypnose eingesetzt werden –, mag man gar nicht glauben, dass man dadurch in Trance versetzt werden kann, aber genau das ist der Fall: Ihr Körper gehorcht unmittelbar dem Befehl Ihrer Vorstellung. Sofort wird in handfeste Realität umgesetzt, was Sie sich »nur« vorgestellt haben.

Das ist eine verblüffende Erfahrung mit einem großen Effekt, denn diese Erfahrung signalisiert dem Unterbewusstsein: Das, was hier gesagt wird, ist wahr! Also wird alles Weitere, was hier gesagt wird, wohl auch wahr sein! Als Resultat öffnet das Unterbewusstsein sich weit und lässt widerstandslos die auf die Induktion folgenden Suggestionen herein. Zahnärzte verwenden zur Anästhesie natürlich andere Suggestionen, als Sie es tun. Das Prinzip bleibt das gleiche.

Lesen Sie zunächst den Text des folgenden Induktions-

Skripts. Erst einmal ohne die Anweisungen zu befolgen. Das sollte bereits reichen, um zu verinnerlichen, was zu tun ist.[5]

INDUKTION NACH DAVE ELMAN

Schließ deine Augen.

Stell dir vor, wie all die winzigen Muskeln um deine Augen herum absolut entspannen.

Sämtliche Anspannung weicht aus den Muskeln.

Vertiefe dich in die Vorstellung.

Die Muskeln um deine Augen sind nun maximal entspannt.

So entspannt, dass du die Augen nicht öffnen kannst.

Sogar dann, wenn du es gleich versuchst.

Gehe in der Vorstellung der unendlichen Entspannung auf.

Nun versuche, die Augenlider zu heben.

Machen Sie sich keine Sorgen, dass Ihre Augen für immer geschlossen bleiben könnten. Die Sache funktioniert problemlos auch umgekehrt: Sie müssen sich nur vorstellen, dass die Muskeln rund um Ihre Augen wieder an Kraft gewinnen. In dem Moment gelingt es sofort, die Augen zu öffnen.

Hier kommt die »Gebrauchsanleitung«: Wenn Sie so weit sind, die Induktion durchzuführen, schließen Sie die Augen und stellen Sie sich vor, was Sie soeben gelesen haben. At-

---

[5] Diese Induktion und noch viele andere Rituale und Tipps, die Ihnen helfen, all Ihre gesteckten Ziele zu erreichen, finden Sie ebenfalls in meinem Buch *Du kannst schaffen, was du willst. Die Kunst der Selbsthypnose.*

men Sie dabei entspannt ein und aus. Sobald Ihre Augenlider auf den Augen »kleben«, wiederholen Sie – am besten laut – Ihren neuen Glaubenssatz:

Ich habe mich entschieden:
Ich bin Nichtraucher/Nichtraucherin! Ich rauche nicht und ich vape auch nicht!

Anschließend stellen Sie sich vor, wie die Muskeln um Ihre Augen herum ihre Kraft zurückgewinnen, und öffnen die Augen. Voilà, war doch ganz einfach. Sollten Sie einen starken Widerstand in sich spüren, weil Sie sich selbst diese beiden Sätze noch nicht abnehmen, probieren Sie es einmal mit der Formulierung:

Jeden Tag werde ich mehr und mehr zum Nichtraucher/zur Nichtraucherin!

Dieser Satz ist eine Abwandlung einer berühmten Autosuggestion, die Émile Coué entwickelt hat. Coué gilt als Vater der Selbsthypnose. Der Apotheker lebte vor mehr als 100 Jahren in Frankreich, und nebenbei war er auch einer der Ersten, die den Placebo-Effekt beschrieben und genutzt haben. Die zentrale Suggestion, die Coué jedem seiner kränkelnden Apothekenkunden ans Herz legte, war: »Es geht mir mit jedem Tag in jeder Hinsicht besser und besser!« (Im Original: »Tous les jours, à tous points de vue, je vais de mieux en mieux!«) Er empfahl, diesen Satz jeden Morgen und jeden Abend laut zu wiederholen, damit er auch über das Hören ins Unterbewusstsein vordringt. Die Formulierung umschifft innere Widerstände elegant, weil sie nicht behauptet, dass etwas bereits der Status quo ist. Stattdessen beschreibt die

Formulierung ein langsames Hinübergleiten von einem Zustand in einen anderen. Wenn Sie sich die Aussage »Ich bin Nichtraucher« einfach noch nicht abkaufen, kann Ihnen der Satz »Jeden Tag werde ich mehr und mehr zum Nichtraucher/zur Nichtraucherin!« aus diesem Dilemma hinaushelfen.

Egal, welche Formulierung Sie für sich als passend empfinden und anwenden, diese kleine Übung hat einen unglaublichen Effekt. Machen Sie die Suggestion zu Ihrem Mantra. Zum Ersten, was Sie morgens denken, und zum Letzten, was Sie sich bewusst machen, bevor Sie abends im Bett die Augen schließen, um zu schlafen. Sie können die Wirkung der Suggestion intensivieren, wenn Sie zuvor die Elman-Induktion machen. In Ihrer neuen Realität als Nichtraucher/Nichtraucherin geht es um Entscheidungen. Täglich treffen Sie erneut die Entscheidung, Nichtraucher/Nichtraucherin zu sein. Sie treffen erneut die Entscheidung, eine Person zu sein, die prinzipiell nicht dampft. Von Tag zu Tag fühlt sich das selbstverständlicher an, denn Ihr natürliches Verhalten als nicht rauchender und nicht vapender Mensch wird zu einer Gewohnheit. Zu etwas, über das Sie nicht mehr nachdenken müssen. Zu einem Automatismus. Zu Ihrer Realität.

Vielleicht fühlt sich das im Augenblick noch nicht restlos so an, vielleicht können Sie noch nicht ganz von den Zigaretten oder Vapes lassen – aber Sie haben die ersten Schritte bereits getan. Alles, was Sie nun tun müssen, ist weitergehen.

Kapitel 3

Besser nicht: Warum es keine gute Idee ist, sich das Rauchen zu verbieten, Willenskraft auf Dauer ebenso wirkungslos ist wie Bilder von Raucherlungen – und Nikotinpflaster auch keine Lösung sind

Es gibt viele gute Gründe, mit Zigaretten aufzuhören, das weiß jedes Kind. Entscheidend ist in Ihrem Leben aber nur einer: Ihr ganz persönlicher Grund. Denn der trägt Ihre Entscheidung, das Rauchen oder Vapen aufzugeben. Mindestens ebenso wichtig ist allerdings die Antwort auf die Frage, warum Sie überhaupt rauchen (oder das bis vor Kurzem getan haben). Was haben oder hatten Sie davon, sich regelmäßig einen Glimmstängel anzuzünden? Wie genau profitieren oder profitierten Sie vom Vapen?

Ich werde Ihnen mit diesem Buch helfen, Ihre ganz persönlichen, Ihre wirklichen Antriebe zu identifizieren. Die zu entschlüsseln scheint im ersten Moment vielleicht nicht so einfach – schließlich war man jahrelang überzeugt, allein wegen eines Stoffs namens Nikotin zur Zigarette oder E-Zigarette zu greifen, und hatte damit gar keine Veranlassung, nach anderen Ursachen zu forschen. Aber nur wenn Sie Ihre tatsächlichen Beweggründe kennen, können Sie Nichtraucher oder Nichtraucherin werden – und vor allem bleiben. Nur dann können Sie sich vom Vapen lösen. Dauerhaft.

Andernfalls schaffen Sie es vielleicht, mit großer Willensanstrengung eine Weile der Versuchung zu trotzen, aber Ihre Gedanken werden weiter um Zigaretten kreisen. Diese Art des Nichtrauchens ist künstlich, sie ist von außen, vom schlechten Gewissen aufgepfropft. Ich habe in diesem Zusammenhang einmal von einem sehr interessanten Experiment gelesen:

Dabei hat man kleine Jungs einzeln in einen Raum mit verschiedenem Spielzeug geführt, unter den Sachen war auch ein Spielzeugroboter. Auf den zeigte der Versuchsleiter und sagte sinngemäß: »Damit darfst du auf keinen Fall spielen, hörst du? Sonst bist du ein böser Junge und das wird Konsequenzen haben!« Dann wurde das Kind im Zimmer alleine gelassen. Was glauben Sie, was passiert ist? Tatsächlich haben sich die Kinder, denen so massiv gedroht wurde, nicht mit dem verbotenen Roboter beschäftigt. Doch als sie Wochen später wieder in den gleichen Raum gelassen wurden, diesmal aber ohne Drohung und mit der Gewissheit, dass sie unbeobachtet sein würden, stürzten sich die Kinder ohne zu zögern sofort auf das einst verbotene Spielzeug. Das vorherige Verbot hatte eine große Begehrlichkeit geweckt.

Eine zweite Gruppe kleiner Jungen verhielt sich dagegen völlig anders. Auch diese Kinder wurden bei der ersten Versuchsanordnung einzeln ins Spielzimmer geführt, aber ihnen wurde dabei lediglich vom Spiel mit dem Roboter abgeraten – ohne das Androhen von Strafen. Auch diese Kinder ließen das Spielzeug beim ersten Mal links liegen. Spannend ist, dass sie das auch beim zweiten Mal beibehielten. Und das, obwohl auch sie nun die Gewissheit hatten, nicht unter Beobachtung zu stehen.

Der Grund für das unterschiedliche Verhalten ist die sogenannte kognitive Dissonanz: Die Kinder aus der zweiten Gruppe hatten – anders als die aus der ersten – keinen starken äußeren Grund, warum sie nicht mit dem Roboter spielen sollten. Also veränderten sie unbewusst ihre innere Einstellung, um das eigene Verhalten – also das Nichtspielen mit dem Roboter – zu rechtfertigen und Außen und Innen wieder in Einklang zu bringen: Sie werteten den Roboter selbst ab und verloren so dauerhaft das Interesse daran.

Das programmierte Scheitern der Verbote

Wissen Sie was? Wir alle sind in unserem Inneren noch Kinder! Kinder, die Grenzen austesten wollen und sich nicht gerne etwas verbieten lassen. Wir alle kennen Trotzreaktionen, und wir alle kennen das Verlangen, Verbotenes zu tun – einfach nur, weil es uns explizit verboten wurde. Dinge, die uns unter anderen Umständen oft gar nicht interessieren würden. Nur das vehemente Verbot macht sie reizvoll. Dabei spielt es keine große Rolle, ob uns etwas von jemand anderem oder von uns selbst verboten wurde. Wer das Rauchen aufzugeben versucht, indem er streng zu sich sagt: »Ich darf einfach nicht mehr rauchen, weil …«, weckt im Unterbewusstsein zwei aufmüpfige Gestalten namens »Trotz« und »Rebellion«. Denn im Unterbewusstsein kommt nur an: »Achtung! Da soll dem Chef etwas weggenommen werden. Das muss ich verhindern!« Fortan wird Ihr Unterbewusstsein alles daransetzen, das Vorhaben zu kippen, unabhängig davon, ob wir damit langfristig ein hehres und sinnvolles Ziel wie bessere Gesundheit verfolgen. Darum haben zum Beispiel auch Diäten nur selten langfristigen Erfolg. Verbote gehören zu den negativen Motivationen. Negative Motivationen sind schwach – sie bringen unser Unterbewusstsein dazu, die nächste Chance zu nutzen, um genau das Verbotene zu tun.

Um erfolgreich zu sein, muss die Veränderung von innen kommen, nicht von außen. Auch Ihr Unterbewusstsein muss begreifen, dass es mit der Veränderung etwas Tolles gewinnt. Beginnen Sie damit, die Ursache Ihres Rauchens oder Vapens nicht länger aufs Nikotin zu schieben. Erinnern Sie sich noch daran, was ich Ihnen in Kapitel eins erklärt habe? Die Chemikalie unterstützt zwar durch Stimulierung bestimmter Rezeptoren im Gehirn erst einmal die Ausprägung einer Gewohnheit des Rauchens oder Dampfens. Doch schon nach nur ein paar Tagen bis Wochen regelmäßigen Rauchens oder Vapens hat das Nikotin keinen messbaren Effekt mehr. Das Nikotin kann damit nicht die Ursache des Weiterrauchens oder Weiterdampfens sein. Überhaupt: Hätte Nikotin ein tatsächliches Suchtpotenzial, müsste ja auch jeder, der einmal eine Zigarette probiert hat, sofort am Glimmstängel hängen. Das ist aber bei Weitem nicht so: In Deutschland rauchen etwas mehr als 25 Prozent der erwachsenen Bevölkerung.[6] Irgendwann probiert haben es aber mehr als doppelt so viele. Nein, das, was Sie »bei der Stange« hält, ist etwas ganz anderes als Nikotin.

Ich weiß, dass das schwer zu akzeptieren ist, wenn man sein ganzes Raucherleben davon ausgegangen ist, von diesem einen Stoff ferngesteuert zu sein. Damit Sie sich für diese wichtige neue Erkenntnis auch ganz öffnen können, möchte ich Ihnen darum noch einmal aus einem anderen Blickwinkel deutlich machen, warum das Nikotin wirklich nicht unser Übeltäter sein kann.

---

[6] Laut DEBRA-Studie, Stand 8/2025

Warum Angst vor Krankheit niemanden vom Rauchen abhält

Ich halte meinen Klienten keine langen Vorträge über die gesundheitlichen Gefahren des Rauchens. Die kennen sie ohnehin zur Genüge. Beim Vapen sind die erschreckenden Gefahren zwar noch nicht so bekannt, aber auch hier halte ich mich in meinen Coachings mit Belehrungen zurück. Denn ich weiß: Kaum jemand hat je allein darum mit dem Rauchen aufgehört, weil er Angst vor Lungenkrebs, Thrombosen oder einem Raucherbein hatte. Das Wissen, dass Rauchen tödlich sein kann, selbst die Erfahrung am eigenen Leib, dass Rauchen – oder Vapen – wirklich krank macht, ist nicht genug, um jemanden zum Aufhören zu bewegen. Ich treffe nämlich jede Woche Menschen, die vom Rauchen krank geworden sind. Die in ihrem täglichen Leben massiv beeinträchtigt sind. Diese Menschen leiden, doch sie rauchen dennoch weiter. Sogar viele der Menschen, die mit Lungenkrebs im Krankenhaus behandelt werden, lassen nicht von den Zigaretten. Die meisten sind dabei der festen Überzeugung, nicht ohne das Nikotin auskommen zu können. Schwach, wie sie sich fühlen, glauben sie, der »Sucht« nichts entgegensetzen zu können. Sie glauben, die »Sucht« sei es, die sie dazu treibe, selbst noch mit Raucherbein vor dem Krankenhaus im Rollstuhl zu qualmen.

Aber gerade diese Menschen, die von ihrer schweren Krankheit, von ihrem Leid in eine passive Situation gezwungen werden, profitieren besonders von etwas, das ihnen das Rauchen oder auch das Vapen gibt – aber dieses »Etwas« ist nicht das Nikotin. Was es ist, dazu werden wir noch kommen. Natürlich möchten diese Leute auch nichts lieber, als wieder gesund zu sein. Aber das Vermeiden von Krankheit ist ebenfalls eine schwache Motivation, mit dem Rauchen und Dampfen aufzuhören, denn auch diese Motivation ist negativ. Negative Motivationen haben eine Sache gemein: Man gewinnt dabei nicht sofort etwas. Zunächst verliert man etwas – nämlich das, was man sich verbietet –, um irgendwann in der Zukunft *eventuell*, aber keineswegs garantiert, etwas zu gewinnen. Das ist denkbar unattraktiv. Besonders, wenn man bereits unter einer vom Rauchen verursachten Krankheit leidet und nicht mal weiß, ob das Aufhören, von dem man fürchtet, dass es neben der Krankheit eine weitere Anstrengung ist, überhaupt noch etwas »nützt«. Da heißt es dann gerne: »Bringt doch eh nix, da kann ich auch weiterrauchen oder zumindest vapen, hab ich wenigstens eine kleine Freude im Leben.«

Was man in einem solchen Fall braucht, ist eine *positive* Motivation. Eine Überzeugung, dass es sich wirklich *lohnt*, Nichtraucher zu sein, von der ersten Sekunde an. Um des Nichtrauchens willen. Dass es sich so sehr lohnt, dass Sie auch nicht aufs vermeintlich gesündere Vapen umzusteigen brauchen. Eine Motivation, bei der Nichtrauchen keinen Verzicht bedeutet, sondern einen sofortigen Zugewinn von Lebensqualität und Spaß. Das Fehlen einer solchen positiven Vision ist auch mit ein Grund, warum viele Neujahrsvorsätze im Februar bereits wieder Geschichte sind.

Was man allerdings nicht braucht, um mit dem Rauchen aufzuhören, sind vermeintlich abschreckende Bilder auf Zigarettenschachteln. Ich kenne jedenfalls niemanden, nicht eine einzige Person, das Rauchen aufgegeben hat, weil er oder sie gesehen hat, wie eine von Krebs befallene Lunge aussieht. Gerade unter medizinischem Personal, die das Schrecken des Krebses jeden Tag aus nächster Nähe miterlebt, ist starkes Rauchen weit verbreitet. Und diese Leute müssten es doch eigentlich am besten wissen – sollte man meinen. Wenn ich hier die physiologische Aspekte des Rauchens oder Vapens beleuchte, will ich darum nicht versuchen, Sie zu schockieren. Es geht mir vielmehr darum, dass Sie verstehen, was beim Rauchen und Dampfen, entgegen allgemeiner Annahmen, wirklich passiert – und vor allem, was nicht.

Das Märchen vom »Nikotinproblem«

Jedes Mal, wenn Sie geraucht haben, haben Sie also einen Cocktail aus Tausenden Chemikalien aufgenommen, ein paar Hundert davon sind tatsächlich toxisch. Diesen Aspekt haben wir eben schon angesprochen. Einige Chemikalien verfärben lediglich die Zähne, andere bringen gesunde Zellen dazu, sich in Krebs zu verwandeln. Wieder andere liegen irgendwo zwischen diesen Extremen. Ein paar greifen die Verdauung an. Manche vergiften das Nervensystem. Wieder einige befallen die Atmungsorgane. Von all diesen Stoffen kennen die meisten, wenn überhaupt, meist nur drei: Nikotin, Teer und Kohlenmonoxid, denn das sind die auf der Packung aufgedruckten Inhaltsstoffe. Beim Vapen sind die Grundstoffe Glyzerin, Propylenglykol, Aromen und häufig ebenfalls Nikotin.

Dabei liegt der allgemeine Fokus, man kann schon fast sagen traditionell, immer auf dem Nikotin. Und das, obwohl Nikotin keinen Rausch verursacht, wie man das von Drogen kennt. Es ist auch bei Weitem nicht das giftigste Gift in der Zigarette. Dennoch wird die Schwierigkeit, von der Zigarette loszukommen, diesem einen Stoff zugeschrieben. Die meisten meiner Klientinnen und Klienten sind der felsenfesten Ansicht, nikotinabhängig zu sein, wenn sie zu mir kommen. Sie glauben, sie hätten kein Rauchproblem, sondern ein Nikotinproblem.

Aus diesem Grund haben viele schon einmal probiert, mit dem Rauchen oder Vapen aufzuhören, indem sie sich für sehr viel Geld Nikotinsprays, Nikotinpflaster oder Nikotinkaugummis besorgt haben. Sie verwenden diese »Hilfsmittel« mit sehr unterschiedlichem Erfolg. Manche halten es nur einen einzigen Tag durch, nicht zu rauchen, andere ein paar Tage, Wochen oder – einige wenige – sogar ein halbes Jahr. Mit dem Rauchen oder Vapen angefangen haben bisher alle wieder. Man darf sich fragen, warum.

Nikotinersatz wirkt – nicht

Nikotinersatz gibt es seit Jahrzehnten. Zu dessen Wirkung gibt es verlässliche Studien, vor allem initiiert von den Pharmafirmen, die diese Präparate herstellen. Diese kommen zu dem Ergebnis, dass vor allem Nikotinpflaster das Aufhören in der ersten Zeit tatsächlich erleichtern. Das stimmt also zweifellos. Die wichtigste Frage wird in solchen Studien allerdings nicht gestellt, nämlich jene danach, wie dauerhaft der Erfolg ist. Dabei ist das doch der interessante Punkt. Ich finde allein solche Studien aussagekräftig, in denen es um den Langzeiterfolg einer Methode geht. Und da sehen Nikotinmittelchen leider blass aus: Bei einer Studie, die von der University of Massachusetts gemeinsam mit der berühmten Harvard University durchgeführt wurde, wurden über mehrere Jahre 800 Menschen begleitet, die mit verschiedenen Methoden das Rauchen aufgegeben haben. Nach zwei Jahren war bereits ein Drittel wieder zum regelmäßigen Rauchen zurückgekehrt. Dabei war es völlig egal, ob die Leute zum Aufhören Nikotinersatz verwendet oder mit reiner Willenskraft aufgehört hatten. Es gab keinen signifikanten Unterschied.

Nach einer Metastudie der Cochrane Collaboration, einem

unabhängigen Netzwerk von Medizinern, Forschern und anderen Experten, gelingt es nur etwa zwei bis drei Prozent der Nutzer von Nikotinpräparaten, für eine längere Zeit rauchfrei zu bleiben. Zwei bis drei von 100 werden also tatsächlich zu echten Nichtrauchern und Nichtraucherinnen. Das ist für diese Personen natürlich ein toller Erfolg. Die restlichen 97 bis 98 Immer-noch-Rauchenden fragen sich allerdings zu Recht, warum die teuren Pflästerchen und Kaugummis bei ihnen nicht wie gewünscht gewirkt haben. Wobei 97 bis 98 Prozent noch optimistische Zahlen sind: Eine Studie der Harvard School of Public Health in Boston kam 2011 zum niederschmetternden Ergebnis, dass Nikotinersatztherapie dauerhaft *überhaupt nicht* hilft.

Wie kann das sein?

Ich gebe zu, auch ich habe lange geglaubt, wer raucht, raucht wegen des Nikotins. Kein Wunder, ist das doch so etwas wie eine gesellschaftlich akzeptierte Grundannahme. Ein Axiom, also eine Aussage, die man nicht anzuzweifeln hat. Steht schließlich auf fast jeder Zigarettenpackung: Rauchen macht sehr schnell abhängig! Auch ich habe mich gefragt, warum die langfristigen Ergebnisse nicht sehr viel eindeutiger zugunsten der Nikotinpräparate ausfallen, wenn es doch der Bösewicht Nikotin sein soll, der allein die Abhängigkeit erzeugt.

Nun gibt es zwei mögliche Schlüsse, die man aus dem Versagen der Nikotinpräparate ziehen kann.

Die erste und am häufigsten angeführte Erklärungsvariante, die auf dem Axiom »Nikotin macht süchtig« aufbaut, ist die folgende:

Nikotinpräparate helfen nur, solange man sie anwendet, weil sie dem Körper auch nur so lange Nikotin zuführen können. Hört man damit auf, will der Körper wieder sein Nikotin – und der Immer-noch-nicht-Nichtraucher greift wieder zur Zigarette. An dieser Stelle muss nun allerdings die Frage gestattet sein, warum der verhinderte Nichtraucher nun doch wieder auf die Zigaretten zurückfällt, um sein Nikotin zu bekommen? Warum hat er keine Lust auf die tollen Nikotinpflaster, -sprays oder -kaugummis, wenn die ihm doch ebenfalls das begehrte Nikotin liefern? Denn die sind zwar teuer, aber im Schnitt meist immer noch günstiger als Zigaretten – und sie sind gesünder, weil sie ohne die ganzen weiteren Giftstoffe auskommen.

Die zweite Schlussfolgerung ist darum die einzig plausible: Das Nikotin ist gar nicht der Grund, weshalb Raucher und Raucherinnen immer wieder zur Zigarette greifen. Das ist ein hartnäckiger Mythos! Eine Legende! Es ist, schlicht und ergreifend, falsch! Darum gilt auch für Sie: Sie haben kein Nikotinproblem, Sie haben ein Rauchproblem – und das ist etwas völlig anderes, was man auch völlig anders lösen muss.

Vielleicht wundern Sie sich jetzt: Wieso helfen dann die Nikotinpflaster am Anfang? Ich habe mir einmal so eine Packung angeguckt und habe dort die Erklärung gefunden. Auf jeder Packung Nikotinpflaster ist auf der Rückseite eine Warnung aufgedruckt. Dort steht sinngemäß: Während Sie dieses Nikotinpflaster benutzen, *dürfen* Sie nicht rauchen. Das klingt so, als würde einem der Kopf abfallen oder Schlimmeres passieren, wenn man sich nicht dran hält. Da die Pflaster sehr teuer sind und niemand Lust hat, etliche Male am Tag das Pflaster zu wechseln, um zwischendurch eine Zigarette zu rauchen, zwingt sich der Verwender also dazu, nicht zu rauchen. So lange, wie er eben durchhält. Das hat allein mit Willenskraft zu tun, nicht mit dem enthaltenen Nikotin.

Das ist nun für alle Raucherinnen und Raucher und alle Menschen, die vapen und die versuchen oder versucht haben, mit Nikotinersatz von ihrem Laster Rauchen loszukommen, eine unangenehme Wahrheit. Für mindestens 97 Prozent der Leute, die Nikotinpflaster verwenden, ist die Hoffnung, nach Ende der Behandlung rauch- oder dampffrei zu sein, nicht mehr als das: eine Hoffnung. Sie ziehen das letzte Pflaster ab, werfen die letzte Packung in den Müll – und stehen wieder genauso da wie am Anfang.

Sie müssen sich nun wieder selbst entscheiden, nicht mehr zu rauchen oder zu vapen, keine Aufschrift zwingt sie mehr. Da sie aber nicht gelernt haben, wie das geht, ist die Sache vorprogrammiert: Sie fangen wieder an zu rauchen oder zu dampfen – weil sie in Wirklichkeit niemals aufgehört haben. Sie haben nicht gelernt, genussvoll Nichtraucher oder Nichtraucherin zu sein. Sie haben nur eine Weile unter dem Druck einer warnenden Aufschrift nicht geraucht oder gedampft. Sie werden genauso wenig langfristig per Nikotinpflaster zum Nichtraucher oder zur Nichtraucherin wie durch ein Schild mit der Aufschrift »Bitte nicht rauchen!«. Das Nikotinpflaster und die damit erzwungene Rauch- oder Dampfpause zögern die Entscheidung, nicht mehr zu rauchen oder zu vapen, nur heraus.

Eine Ausnahme bei den Entwöhnungsstrategien vom klassischen Tabakrauchen gibt es allerdings: Wer stattdessen mit dem Vapen beginnt – weil er oder sie glaubt, das sei nicht so schädlich – hat weniger Probleme, bei dieser neuen Gewohnheit zu bleiben. Die herkömmlichen Zigaretten durch Vapes zu ersetzen, fällt vielen langjährigen Raucherinnen und Rauchern wesentlich leichter als der »Entzug« mit Nikotinpflastern und Co. Dass in E-Zigaretten ebenfalls Nikotin enthalten ist, ist dafür allerdings nicht der Grund.

Rauchen und Vapen haben einen ganz anderen entscheidenden gemeinsamen Nenner.

Wie Sie Hindernisse einfach wegsprengen – oder leicht darüber hinwegsteigen

Vielleicht sind Sie immer noch etwas nervös angesichts Ihres Vorhabens, Nichtraucher oder Nichtraucherin zu werden. Vielleicht sorgen Sie sich, dass Ihr Leben ohne Zigaretten oder ohne das Vapen weniger schön sein könnte als Ihr Leben bisher. Dass Sie etwas vermissen werden. Dass Sie der Mut verlässt. Dass Sie nervös werden. Dass Sie deswegen nicht durchalten könnten. Kurz: dass Ihnen Schwierigkeiten begegnen werden. All diese Bedenken sind verständlich. Sie fußen auf den unhinterfragten Grundannahmen, die wir alle übers Rauchen in unserem Unterbewusstsein angesammelt haben. In Wirklichkeit sind es jedoch nur scheinbare Hindernisse, die wir in diesem Buch gemeinsam Kapitel für Kapitel aus dem Weg räumen werden.

Ich zeige Ihnen jetzt eine Visualisierungsübung, die ich oft mit den Menschen in meinen Seminaren durchführe. Sie gibt Zuversicht und macht Mut, den ersten Schritt zu tun, weil sie bildlich vor Augen führt, dass jede Entscheidung uns über uns hinauswachsen lässt – im gleichen Maße, wie die Hindernisse schrumpfen.[7]

Lesen Sie zunächst den Text, ein- oder zweimal oder so oft, bis Sie sich die beschriebene Szene bildlich auch mit geschlossenen Augen vorstellen können. Um zur Ruhe zu kommen und das Unterbewusstsein besonders aufnahmefähig zu

---

[7] Diese und viele andere Übungen, Tricks und Rituale finden Sie übrigens auch in meinem Buch *Das Geheimnis der Intuition. Wie man spürt, was man nicht wissen kann.*

machen, empfehle ich Ihnen, vor der Visualisierung die Meditation »Fluss des Atems« von S. 25 zu machen oder die Elman-Induktion von S. 50.

DER SCHNEEBALL

Entspanne dich.

Atme tief und ruhig.

Schließ deine Augen.

Stell dir vor, du stehst auf einem tief verschneiten Berg und schaust ins Tal.

Dort siehst du dein Ziel.

Zwischen dir und dem Ziel sind viele Hindernisse aufgestellt.

Nun nimmst du ein wenig Schnee in deine Hände und formst einen Schneeball.

Diesen Schneeball rollst du auf dem Gipfel herum, bis er eine richtig große Kugel ist. Diese Kugel lässt du los und schaust ihr nach.

Auf dem Weg nach unten ins Tal wird sie immer größer und größer.

Sie walzt die meisten Hindernisse platt oder sprengt sie aus dem Weg.

Erst genau vor deinem Ziel bleibt sie liegen.

Nun folgst du selbst der Kugel, langsam und ruhig.

Bei jedem Schritt, den du tust, wirst du größer und größer.

Über die verbliebenen Hindernisse steigst du mit Leichtigkeit einfach drüber – bis du mit Leichtigkeit dein Ziel erreichst.

Kapitel 4

Nichts ist, wie es scheint: Welcher Stoff in der Zigarette die heimliche Hauptrolle spielt, wie Sie täglich zweifelhaften Suggestionen ausgesetzt werden, und wie ein einfacher Trick Ihre Lust zu rauchen oder zu vapen sofort verringert

Das Nikotin lassen wir jetzt erst einmal beiseite. Schauen wir stattdessen kurz ein paar weitere Stoffe in der klassischen Zigarette aus Tabak an. Manche davon werden Sie aus anderen Zusammenhängen kennen. Formaldehyd ist die krebserregende Substanz, in der Medizinstudenten und Rechtsmediziner Leichenteile konservieren. Hydrogencyanid, ein in gar nicht mal so hoher Konzentration tödliches Gift, ist besser unter dem Namen Blausäure bekannt. Es lässt die Körperzellen und damit im schlimmsten Fall den ganzen Menschen ersticken, weil es ein zur Zellatmung notwendiges Enzym blockiert. Benzol hingegen ist ein krebserregendes Lösungsmittel und Treibstoffzusatz. Außerdem enthalten Zigaretten in unterschiedlichen Anteilen eine große Zahl von Chemikalien, die selten erwähnt werden, weil sie übers Hintertürchen der Schädlingsbekämpfung im Tabak landen: Konzentrierte Insektizide und Pestizide, hochgiftig und krank machend.

Viele davon dürfen wegen ihrer hohen Toxizität nicht mehr auf zum Verzehr gedachte Pflanzen gesprüht werden. Da man aber davon ausgeht, dass Tabak freiwillig konsumiert wird, darf die Tabakpflanze mit viel giftigeren Substanzen vor Schädlingen geschützt werden.
Bisher eher unbekannt ist, dass auch E-Zigaretten extrem schädliche Stoffe freisetzen, selbst wenn sie dabei vielleicht frisch nach Melone oder Limette duften. Eine aktuelle Studie kam zum Ergebnis, das beim Verdampfen des Liquids 127 giftige – auch krebserregende und erbgutschädigende – Substanzen frei werden, selbst wenn in der Flüssigkeit überhaupt kein Tabak und häufig auch kein Nikotin enthalten ist. Unter diesen Stoffen befindet sich ebenfalls das Formaldehyd. Dazu gesellen sich toxische Metalle wie Blei oder Kadmium, die sich beim Erhitzen aus den Heizspiralen lösen. Erschwerend kommt hinzu, dass der Dampf oft sogar noch tiefer inhaliert wird als Zigarettenrauch, weil das tabaktypische Kratzen im Hals beim Vapen wegfällt. Noch gibt es keine Langzeituntersuchungen zu den Folgen des Dampfens, aber dass es schwer wiegende Folgen geben wird, liegt auf der Hand.

All diese Stoffe schwächen diejenigen, die sie konsumieren – ob nun per Zigarette oder E-Zigarette. Die Substanzen, greifen die Zellen an, aber ihr Effekt ist nicht unmittelbar spürbar – was sie tatsächlich im Körper anrichten, wird erst bemerkt, wenn man schon krank geworden ist.

Kohlenmonoxid – ein besonderes Gift

Eine Sonderstellung hat hier Kohlenmonoxid – oder, wie es ganz korrekt heißen müsste, das Kohlenstoffmonoxid –, auf das ich jetzt einmal gesondert zu sprechen kommen möchte. Ein überraschendes Faktum ist, dass Kohlenmonoxid zumindest beim klassischen Tabakrauchen eine viel größere Rolle als Gesundheitsschädling spielt als das zu Unrecht immer im Fokus stehende Nikotin. Damit kommt dem Kohlenmonoxid auch bei der Schwierigkeit, mit dem Rauchen aufzuhören, eine besondere Bedeutung zu – warum, das werden Sie bald verstehen. Beim Vapen spielt das Kohlenmonoxid übrigens keine Rolle, weil die Temperaturen beim Verdampfen nicht hoch genug sind. Dafür birgt es, wie gesagt, andere Gefahren, wie etwa die Schwermetalle aus den Heizspiralen.

Kohlenmonoxid entsteht, wenn etwas unvollständig verbrennt, es ist zum Beispiel ein Hauptbestandteil ungefilterter Autoabgase. Vor Einführung der Katalysatoren haben sich manche Menschen umgebracht, indem sie Abgase aus dem Auspuff ins Innere ihres Autos umgeleitet haben. Auch Sie atmen jedes Mal Kohlenmonoxid ein, wenn Sie an einer Zigarette ziehen und ein Stückchen davon knisternd verbrennt. Das Gas ist geruchlos, aber atmet man es ein, bindet es sich an ein zentrales Eisenatom im Blutfarbstoff, dem Hämoglobin.

Dieses Eisen hat normalerweise eine andere Aufgabe: Es soll Sauerstoff in die Körperzellen bringen. Dazu bindet das Eisenatom Sauerstoff und chauffiert diesen anschließend in jede Zelle des Körpers. Wenn sich aber das Kohlenmonoxid ins Eisentaxi vorgedrängelt hat, bleibt der Sauerstoff im Regen stehen. Er wird nicht aufgenommen und nicht befördert. Die Zellen bekommen nutzloses Kohlenmonoxid statt des belebenden Sauerstoffs. Bei zu hoher Dosis Kohlenmonoxid kann man dadurch ersticken.

Nun erzeugt natürlich das Verbrennen einer Zigarette keine Kohlenmonoxiddosis, die hoch genug wäre, um uns zu ersticken – was nicht heißt, dass das Kohlenmonoxid deshalb harmlos ist. Denn auch in geringen Dosen setzt Kohlenmonoxid die körperliche Leistungsfähigkeit extrem herab –

der natürliche Treibstoff unseres Körpers ist nun einmal der Sauerstoff. Mit weniger Sauerstoff haben wir keine Energie, sind müde und können nicht klar denken. Wenn Kohlenmonoxid sich an die roten Blutkörperchen heftet, entsteht Sauerstoffmangel, den der Körper durch verstärktes Pumpen des Herzens auszugleichen versucht – was Raucher oft fälschlich als zu begrüßende Kreislaufanregung interpretieren. Das Herz arbeitet aber schwerer und schlägt schneller, damit wir weiterhin genügend Sauerstoff zur Verfügung haben. Diese Schwerstarbeit unter schlechten Bedingungen – denn auch die Zellen des Herzens benötigen ja Sauerstoff – kann das Herz auf Dauer schädigen.

Das Kohlenmonoxid beeinträchtigt außerdem die Gehirnfunktion, die inneren Organe und auch unser äußeres Organ: die Haut. Darum sieht man meist auf den ersten Blick, ob jemand regelmäßig raucht, denn die Haut wird durch die schlechte Versorgung fahl und faltig. Sie altert schneller. Das Gleiche geschieht, unsichtbar, im Inneren des Körpers. Könnte man sie sehen, sähen alle Organe aus wie die Haut. Keine schöne Vorstellung, oder? Aufgrund all dieser Prozesse im Inneren des Körpers macht Kohlenmonoxid müde, schlapp und raubt Energie.

Sie dürfen sich freuen: Neue Energie ist auf dem Weg zu Ihnen

Doch wie heißt es so schön: Der Mensch gewöhnt sich an alles. Wer raucht, gewöhnt sich an diesen gedämpften Zustand und hält ihn für normal. Umso erstaunter sind bisher rauchende Menschen, wenn sie das bemerken, was auch Sie als Erstes in Ihrem neuen Dasein als Nichtraucher oder Nichtraucherin erleben werden: dass Sie viel mehr Energie haben. Dass Sie sich frischer fühlen und auch so aussehen. Diese Veränderung macht sich bereits nach 24 bis 36 Stunden bemerkbar. So lange brauchen die Sauerstoffmoleküle, um sich in den neu gebildeten Blutzellen die Eisentaxis zurückzuerobern. Bereits nach dieser kurzen Zeit ist Ihr Körper frei vom lähmenden Kohlenmonoxid. Achten Sie darauf – damit Sie sich über den ersten Erfolg auch gebührend freuen können!

Manche meiner Klientinnen und Klienten haben bei früheren Bemühungen, das Rauchen aufzugeben, diesen tollen Zustand übersehen – weil sie so sehr damit beschäftigt waren, auf Entzugserscheinungen zu warten. Sie bereiteten sich mental darauf vor, dass sie leiden müssten, wenn sie die Zigaretten aufgaben. Viele Frauen glauben außerdem, sie würden sofort zunehmen, weil sie befürchten, in Zukunft mehr zu essen, aber es gibt auch Männer, die diese Befürchtung haben. Manche erzählen, dass sie sich beim letzten Versuch, Nichtraucher oder Nichtraucherin zu werden, kraftlos fühlten, andere waren nach eigener Beobachtung aufgedrehter und konnten nicht ruhig sitzen bleiben – also das völlige Gegenteil. Manche haben mir berichtet, dass ihre Partner irgendwann losgezogen sind, um Zigaretten zu kaufen, weil sie unerträglich nörgelig und aggressiv geworden waren. All diese Leute haben eines gemein: Sie erwarteten, dass sich ihr Zustand durch das Nichtrauchen auf eine ganz bestimmte Weise negativ ändern würde – und genau darum ist der befürchtete Zustand eingetreten.

Sie haben diesen Menschen gegenüber einen riesigen Vorteil. Sie wissen bereits jetzt: Das, was sich in Ihrem Körper ändern wird, ist durch und durch positiv. Sie werden mehr Sauerstoff zur Verfügung haben. Viel mehr Sauerstoff. Ihr ganzer Körper, Ihr Geist werden aus einem jahrelangen Dämmerschlaf aufwachen. Es gibt keinen Grund, dieses plötzliche Mehr an Energie als Unruhe zu deuten oder die verfeinerten Geschmacksnerven mit mehr Appetit zu verwechseln.

Wie Sie sofort die Lust auf Zigaretten oder das Vapen verringern

Ihr Körper funktioniert am besten mit viel Sauerstoff. Den bekommt er logischerweise durch die Atmung. Die reibungslose Versorgung ist, das haben wir gerade gesehen, beim Rauchen durch das Einatmen von Kohlenmonoxid deutlich beeinträchtigt.

Doch nicht nur das. Ein weiterer wichtiger Aspekt bei der optimalen Sauerstoffversorgung des Körpers wird nämlich oft übersehen: die ausreichende Flüssigkeitszufuhr. Viele Menschen führen ihrem Körper viel zu wenig Flüssigkeit zu. Das hat damit zu tun, dass wir oft erst richtig Durst bekommen, wenn der Körper bereits einigermaßen dehydriert ist. Das gilt in ganz besonderem Maße, wenn Sie rauchen oder vapen. Die meisten Raucher kanalisieren nämlich ihr Verlangen nach ganz unterschiedlichen Dingen ins Rauchen oder Vapen. Oft verwechseln sie darum beginnenden Durst mit der Lust zu rauchen oder zu dampfen – und greifen statt zum Getränk, nach dem es ihren Körper eigentlich gelüstet, zur giftigen Zigarette oder E-Zigarette.

Das ist in mehrfacher Hinsicht ungünstig.

Wer zu wenig trinkt, dessen Blut verdickt. Dieser Effekt der Blutverdickung tritt bereits bei sehr geringem Wassermangel ein. Dickflüssiges Blut fließt langsamer, die Versorgung des Körpers mit Nährstoffen aus der Nahrung und eben auch mit Sauerstoff aus der Atemluft gerät ins Stocken. Man kann sich das vorstellen wie einen Stau auf der Autobahn:

Die LKWs mit dem durch das Kohlenmonoxid ohnehin eher dürftigen Versorgungsnachschub an Sauerstoff stecken lange im Stop-and-go fest und erreichen ihr Ziel in den Körperzellen mit Verzögerung. Gleichzeitig werden Schadstoffe nur langsam abtransportiert und ausgeschieden. Eine unmittelbare Folge davon sind Müdigkeit, Schlappheit und Unkonzentriertheit. Fatalerweise versuchen nun aber viele Raucher, all das mit einer Kippe zu bekämpfen …

Ein Teufelskreis!

Allerdings einer, der sich ganz simpel durchbrechen lässt: Trinken Sie! Mindestens zwei, am besten drei Liter pro Tag. Das ist für alle, die derzeit noch rauchen oder vapen, aber auch in den ersten Wochen ohne Zigaretten und ohne Vapen besonders wichtig. Wenn genügend Wasser im Körper vorhanden ist, reduziert sich die Lust auf Zigaretten oder Vapes erheblich, weil genügend Wasser wach und aufmerksam macht. Die Zigaretten, die also normalerweise konsumiert werden, um der durch Dehydrierung erzeugten Müdigkeit und Erschöpfung (vergeblich) entgegenzuwirken, fallen dadurch automatisch weg.

Kaffee und schwarzer Tee zählen bei der Flüssigkeitszufuhr nicht, auch alkoholhaltige Getränke oder gesüßte Softdrinks und Obstsäfte sind nicht zu empfehlen – nein, es geht hier allein um reines, klares Wasser. Das kann, muss aber nicht Mineralwasser sein. Leitungswasser ist in fast allen Gebieten Deutschlands von so guter Qualität, dass Sie eigentlich nur den Wasserhahn aufdrehen müssen, um an das flüssige Lebenselixier zu kommen. Um wirklich genug zu trinken, hilft Ihnen folgender Kniff:

DAS MAGISCHE WASSERGLAS

Viele Leute machen den Fehler, sich morgens mit viel gutem Willen eine bis obenhin gefüllte Karaffe mit Wasser hinzustellen. Leider passiert es dann oft, dass man am Nachmittag feststellt, dass die Karaffe immer noch dort steht – und zwar genauso gut gefüllt wie zu Anfang. Dabei sollte sie bis dahin schon mindestens einmal leer getrunken sein.

Damit das nicht passiert, hilft der Trick mit dem »magischen« Wasserglas, das immer bis obenhin gefüllt ist, so oft man auch daraus trinkt: Stellen Sie morgens ein großes Glas Wasser bereit. Daraus trinken Sie, wann immer Sie Durst haben. Aber nicht nur dann: Ab sofort trinken Sie außerdem jedes Mal, wenn Sie die Lust auf eine Zigarette oder E-Zigarette überkommt, erst einmal das ganze Glas Wasser leer. Dieses Glas füllen Sie anschließend direkt wieder auf und stellen es erneut griffbereit hin.

Gut, so richtig magisch ist das nicht, aber mit diesem kleinen Kniff schlagen Sie gleich mehrere Fliegen mit einer Klappe: Erstens führen Sie sich garantiert genügend Flüssigkeit zu. Dadurch haben Sie weniger Lust zu rauchen, denn Sie werden nicht so schnell müde und unkonzentriert – Zustände, bei denen Sie bisher zur Zigarette oder E-Zigarette gegriffen haben. Ein weiterer Nebeneffekt ist, dass Sie sich in bestimmten Momenten, in denen Sie früher geraucht haben, eine neue, gesunde Aktion an gewöhnen. Auch wenn es erst mal schwer vorstellbar ist: Die hat das Potenzial, Ihre Gewohnheit zu rauchen zumindest teilweise zu ersetzen.

Neue Studien kamen außerdem zum Ergebnis, dass eine optimale Flüssigkeitszufuhr die Ausschüttung des Stresshormons Cortisol wesentlich verringert. Kurz: Wer viel trinkt, ist seltener gestresst. Da viele Menschen gerade in stressigen Situationen zum Glimmstängel oder zur E-Zigarette greifen, schwächen Sie mit viel Wassertrinken auch automatisch Ihre Rauchlust beziehungsweise die Lust aufs Vapen.

Erwarten Sie das Positive

Wichtig ist Ihr festes Vertrauen, dass Sie sich ohne das Rauchen und ohne das Vapen unendlich gut fühlen werden. Ihre Fähigkeit, das Positive daran wirklich wahrzunehmen. Wie Erwartungen unsere Wirklichkeit bestimmen, haben Sie schon gesehen. Denken Sie an die grauen Katzen. Und jetzt sagen Sie sich bitte noch einmal: Ich bin Nichtraucher! Ich bin Nichtraucherin! Ich vape nicht! Sagen Sie sich das immer und immer wieder. Oder eben: Ich werde jeden Tag mehr und mehr zum Nichtraucher/zur Nichtraucherin!) Wenn Sie schon einmal versucht haben, das Rauchen oder Dampfen aufzugeben, und eine gewisse Zeitspanne dabei geblieben sind, denken Sie immer daran: Sie haben es schon einmal hingekriegt. Das können Sie auch noch mal. Aber dieses Mal, auch das verspreche ich Ihnen, wird es dauerhaft sein.

Damit Sie mir das glauben und Ihre positive Erwartung nicht von Zweifeln angenagt wird, ist es extrem wichtig, dass Sie wirklich verstehen, warum Sie geraucht oder gedampft haben. Denn nur dann wird es für Sie ein Leichtes, die Kippen und Vapes links liegen zu lassen.

Ich habe Ihnen schon mit einigen Beispielen erklärt, warum die körperliche Abhängigkeit von Nikotin eine Fehleinschätzung ist, aber vielleicht sind Sie trotzdem noch skeptisch. Ich kenne das, denn ich höre für diese Annahme die verschiedensten Begründungen von meinen Klientinnen und Klienten. Etwa, dass es doch nur mit körperlicher Abhängigkeit zu erklären sein könne, wenn einem das Aufhören so schwerfalle. Dass die Zigarette oder E-Zigarette das Erste sei, an was man morgens denke. Dass man schon einmal versucht habe aufzuhören, aber ohne langfristigen Erfolg. Wieder andere sagen, sie rauchten schon so lange, da könne es ja gar nicht anders sein, als dass sie süchtig seien. Ich sage hingegen weiterhin: Rauchen – und auch Vapen – ist eine Angewohnheit! Nicht mehr, aber auch nicht weniger.

Suggestion statt Sucht

Wenn auf der Zigarettenschachtel steht »Rauchen macht süchtig«, dann ist das eine Suggestion. Sie ist hypnotisch wirksam. Das heißt in diesem Zusammenhang: Die Suggestion mogelt sich durch die ständige Begegnung mit ihr – auf der Zigarettenschachtel, in der Apothekenzeitung, auf dem Zigarettenautomaten, auf der Nachfüllpackung für die E-Zigarette, in Internetforen etc. – wie eine hypnotische Formel an unserem Bewusstsein vorbei, direkt in unser Unterbewusstsein. Das geschieht unabhängig vom Wahrheitsgehalt der Suggestion. Unser Unterbewusstsein hält für wahr, mit was wir es immer und immer wieder füttern. Auch, wenn es falsch ist. Das ist eine wichtige Erkenntnis!

Diese drei einfachen Worte »Rauchen macht süchtig« – oder eben »Nikotin macht süchtig« – prägen sich dabei nicht bloß ein, es handelt sich vielmehr um einen Satz, der unsere

Erwartung formt. Und unsere Erwartung, das haben wir gesehen, bestimmt wiederum unsere Realität, indem sie unser Unterbewusstsein programmiert und unsere Wahrnehmung steuert. Wenn ich der Ansicht bin, süchtig zu sein, und mir dann vorstelle aufzuhören, so erwarte ich körperlichen Schmerz. Denn mit etwas aufzuhören, nach dem man süchtig ist, das bedeutet Drogenentzug, das haben wir alle so gelernt. Da werden dann all die Bilder von Zittern und Schweißausbrüchen und Nervenflattern abgerufen, die wir aus den Medien oder vielleicht auch noch aus dem Schulunterricht kennen, als man uns fürsorglich vor späterem Drogenkonsum warnen wollte.

Doch in Wirklichkeit ist das Rauchen wie auch das Vapen tatsächlich nur eine Gewohnheit, nicht mehr. Diese Erkenntnis ist nahezu skandalös unspektakulär. Natürlich, das möchte ich nicht unter den Tisch kehren, ist da die geringe körperliche Wirkung des Nikotins, über die wir schon gesprochen haben. Diese spielt aber, auch das hatten wir angesprochen, nur eine Rolle, wenn man mit dem Rauchen oder Dampfen anfängt.

Ich fasse noch einmal zusammen: Führt man dem Körper Körper als Rauch- oder Vapinganfänger zu, bindet sich das Nikotin im Gehirn an einen bestimmten Typ von Acetylcholinrezeptoren. Diese stoßen bei ihrer Aktivierung eine verstärkte Produktion des Botenstoffs Dopamin an. Die allererste relativ starke Ankurbelung des Dopamins durch das Nikotin führt zu einem Anstieg des Proteins DeltaFosB im Gehirn. Dieses Protein »knipst« – im übertragenen Sinne – einen »Schalter« an, der bestimmt, ob ein Verhalten als lohnenswert empfunden wird. In diesem Fall sorgt das DeltaFosB dafür, dass wir den Griff zur Zigarette oder E-Zigarette unbewusst als etwas Cooles und Angenehmes abspeichern –

und uns darum bald wieder eine konsumieren. Mit jeder weiteren Zigarette und jeder weiteren Vaping-Pause wird dann ein weiteres Mal Dopamin und noch mehr DeltaFosB ausgeschüttet und damit das Verlangen nach mehr Kippen oder Vapes zementiert. Allerdings nicht mehr wegen des Nikotins – warum genau, das werden wir noch sehen. Die Dopaminausschüttung durch Nikotin findet in spürbarer Form tatsächlich nur bei bisherigen Nichtrauchern statt, die ihre ersten Zigaretten rauchen oder bei Menschen, die bisher nicht gedampft haben. Die Rezeptoren von regelmäßig Rauchenden oder nikotin-haltige Vapes Dampfenden stumpfen im Lauf der Zeit infolge eines negativen Rückkopplungseffekts schnell ab. Für eine Weile kann das durch eine Steigerung der Nikotinzufuhr ausgeglichen werden, aber das stößt sehr bald an seine Grenzen. Dann bringt eine weitere Nikotinsteigerung nichts, da tut sich sogar bei Kettenrauchern nichts mehr. Der Dopamin-Kreislauf läuft aber – ganz ohne Nikotin – automatisch weiter, wenn er einmal ordentlich angeschubst wurde. Jede neue Zigarette hält das System am Laufen. Wir rauchen weiter. Nicht, weil wir eine Sucht nach Nikotin haben – sondern weil eine stabile Gewohnheit entstanden ist. Mit der Zeit werden dann mit dem Rauchen auch noch jede Menge weitere positive Effekte verknüpft, die unsere Gewohnheit weiter verfestigen – dazu in Kürze mehr. Das wiederum löst ein Verlangen aus und leitet eine bestimmte Handlung ein, die das Ziel hat, dieses Verlangen zu befriedigen. Als Resultat dieser Handlung – nicht als Resultat des Nikotinkonsums – werden im Belohnungssystem Endorphine ausgeschüttet. Endorphine, die nicht in der Zigarette stecken, sondern vom Gehirn selbst gemacht werden – und die auch auf viele andere Weisen hervorgelockt werden können.

Damit Ihnen noch klarer wird, warum Sie niemals süchtig nach Zigaretten oder Vapen sind, schauen wir uns jetzt einmal genauer an, was eine Sucht eigentlich ist.

Kapitel 5

Neue Perspektiven: Warum Verlangen nichts mit Sucht zu tun hat, aber ganz viel mit einem sabbernden Hund

Medizinisch ist der Begriff der Sucht – oder »Abhängigkeit«, wie es korrekt heißen müsste – recht genau definiert. Eine abhängig machende Substanz ist demnach etwas, das der unter einer Abhängigkeit Leidende braucht, um normal zu funktionieren. Nach dieser Definition muss stets eine bestimmte Menge dieser Substanz im Körper sein, um die Körperfunktionen reibungslos aufrechtzuerhalten. Die minimale Menge des Nikotins, das jemand, der raucht oder dampft zu sich nimmt, hat mit so einer Abhängigkeit nichts zu tun. Aus Suchtperspektive befindet sich die betreffende Person körperlich im Normalzustand. Außerdem leiden Abhängige unter ihrer Sucht in dem Sinne, dass sie ihren Beruf, ihre Beziehungen und Sozialkontakte sowie ihre Interessen vernachlässigen. Sie verwahrlosen zunehmend. Auch das trifft wohl auf niemanden, der dampft und auch keinen Raucher und keine Raucherin zu – selbst wenn es sein kann, dass der ein oder andere Stress mit seinem Partner oder seiner Partnerin bekommt, weil er oder sie den Tabakgestank oder die enorme Geldverschwendung leid ist.

Die Rolle des Verlangens

Ihr Verlangen nach einer Zigarette oder E-Zigarette rührt, ich sage es noch einmal, von keiner körperlichen Abhängigkeit her. »Ja, aber warum ist das Verlangen dann so unglaublich groß?«, fragen Sie jetzt vielleicht. Wenn Sie so fragen, verknüpfen Sie Sucht kausal mit Verlangen. Sie sehen also ein großes Verlangen als Beweis dafür an, dass es sich um eine Sucht handelt. Ich leugne keineswegs, dass es das Verlangen gibt. Auch, dass es sehr groß sein kann, weiß ich. Aber Ihr Verlangen hat seinen Grund in etwas anderem: Ihr System, die Gesamtheit von Körper und Geist, verbindet den Genuss einer Zigarette oder das Vapen mit etwas Positivem. Wahrscheinlich bedeutet das Rauchen oder Dampfen für Sie Entspannung – aber zusätzlich noch vieles andere.

Verlangen ist kein Beweis für eine Sucht. Verlangen ist ein Gefühl, das jeder Mensch kennt, auch Menschen, die nicht rauchen. Das haben wir schon gesehen. Und natürlich haben Menschen, die gern rauchen oder vapen ebenfalls Verlangen nach anderen Dingen als der Zigarette oder der E-Zigarette – ohne dass sie auf die Idee kämen, hier eine Abhängigkeit zu vermuten. Verlangen ist etwas sehr Reales und sehr Alltägliches. Manchmal sitze ich in meiner Praxis und bekomme große Lust auf eine Tasse Tee. Normalerweise bin ich kein großer Teetrinker, aber ab und zu ist da eben dieses unbändige Teeverlangen. Dem gebe ich dann meistens nach, denn Tee ist ja auch noch gesund. Aber wenn ich nicht dazu komme, mir die Tasse Tee zu machen, weil der nächste Klient schon klingelt, geschieht etwas Interessantes: Die Lust auf Tee verfliegt einfach. Ich tue etwas anderes, und mein Verlangen verschwindet. Ich vergesse es. Einfach so. Ohne Anstrengung. Ich sitze nicht zwei Stunden in meinem Termin mit dem Verlangen nach Tee. Nicht mal zwei Minuten. Das Verlangen ist nach kürzester Zeit einfach weg.

Schokolade – eine Droge?

Denken Sie einmal an die vielen Menschen, die gerne Schokolade essen. Die Lust auf Schokolade überkommt diese Leute oft plötzlich. Niemand käme dabei auf die Idee, diese Lust mit Hunger zu verwechseln. Nein, man *möchte* einfach unheimlich gern jetzt sofort ein Stück Schokolade in den Mund stecken und auf der Zunge zergehen lassen. Manchen geht das nur einmal im Monat so, anderen täglich. Letztere denken dann zuweilen, sie hätten ein größeres Problem, weil Schokolade ja als ungesund oder Dickmacher gilt. Diese Menschen deklarieren sich selbst schon mal als »Schokoholic«, sie kommen zu mir und sagen: »Jan, ich bin süchtig nach Schokolade. Ich kann nicht aufhören, daran zu denken. Hilf mir.« Darauf sage ich: »Wenn du Lust bekommst auf Schokolade, zwingst du dich dann schon mal, keine zu essen?« Die meisten nicken dann eifrig, und ich frage weiter: »Hast du denn das Gefühl, dass dein Körper ohne Schokolade nicht mehr richtig funktioniert?« Viele denken dann kurz nach, müssen aber schließlich mit dem Kopf schütteln. Der Körper der vermeintlichen »Schokoholics« braucht die Schokolade natürlich nicht, er funktioniert problemlos ohne. Schokoladenliebhaber sind nicht körperlich abhängig, niemand würde das ernsthaft behaupten. Nicht einmal sie selbst.

Das Gefühl des Verlangens kann allerdings trotzdem sehr stark sein. Ein Schokoliebhaber kann genauso nervös zum Kiosk pilgern, um sich eine Tafel »Stoff« zu besorgen, wie etwa eine Raucherin, wenn die letzte Zigarette in der Schachtel geraucht ist. Auch ein Schokoladenfreak kann nervös werden, wenn er plötzlich entsetzt feststellt, dass alle Läden geschlossen haben – und nicht ein einziges Stückchen Schokolade im Haus ist. Das Verlangen und das Verhalten eines »Schokoholics« entsprechen damit genau dem Verlangen eines oder einer vermeintlich »nikotinsüchtigen« Person oder E-Zigarette. Trotzdem schätzt Letztere ihr Verlangen nach einer Zigarette als schwerwiegender ein als ein Schokoladenliebhaber das Verlangen nach Schokolade. Dabei handelt sich um exakt die gleichen Mechanismen!

Die gute alte klassische Konditionierung

Verlangen ist das Bedürfnis nach einer bestimmten Befriedigung. Dafür gibt es immer einen Anstoß. Ein »Schokoholic« sieht vielleicht jemanden, der Schokolade isst, und beginnt darum, an Schokolade zu denken. Schwupps, wird Dopamin ausgeschüttet, Verlangen erzeugt – fertig ist die Schokolust. Oder eine Studentin hat sich angewöhnt, beim Lernen eine Tafel Schokolade neben sich liegen zu haben, zu der sie immer dann greift, wenn sie ins Stocken gerät – vielleicht, weil sie sich einbildet, Süßes helfe dem Gehirn auf die Sprünge. Vielleicht möchte sie sich auch gerne dafür belohnen, dass sie zu Hause sitzt und lernt, statt sich mit Freundinnen zu treffen. Egal, warum sie die Schokolade konsumiert, sobald sie sich zum Lernen hinsetzt, kommt damit automatisch auch die Lust auf Schokolade. Solche Schokolust-Auslöser sind individuell und damit verschieden. Es ist im Grunde wie mit dem berühmten pawlowschen Hund: Im Paradeexempel für klassische Konditionierung bekommt ein Hund immer dann Futter, wenn eine Glocke ertönt. Hat er sich eine Weile daran gewöhnt, läuft dem Hund bereits der Speichel aus dem Maul, wenn nur die Glocke ertönt, auch wenn es gar kein

Futter gibt. Der Glockenton ist zum Auslöser für Appetit geworden.

Auch für Menschen, die rauchen oder vapen gibt es solche Auslöser. Da die meisten dieser Leute aber immer Zigaretten oder ihre Vapes zur Hand haben, kommen sie nie an den Punkt, über diesen Mechanismus nachzudenken. Sie werden sich der auslösenden Momente nicht bewusst, weil der Griff zur Zigarette oder E-Zigarette sich vollständig automatisiert hat. Aber es handelt sich *nicht* um ein Verlangen nach dem Glimmstängel und dem Nikotin darin. Das giftige Zeug können alle diese Menschen eigentlich problemlos weglassen.

Das, was sie aber nicht weglassen können, ist etwas, was sie mit der Zigarette normalerweise als Beigabe bekommen. Denn *nach dieser Beigabe* haben sie das Verlangen.

Sind wir nicht alle ein bisschen Hund?

Zunächst passiert also etwas Bestimmtes, analog zum Glockenton, den der pawlowsche Hund zu hören bekam. Das ist der Auslöser. Welche Auslöser es beim Rauchen oder Vapen geben kann, darauf kommen wir noch zu sprechen. An dieser Stelle ist jetzt erst einmal wichtig, dass durch den Auslöser sofort Lust auf etwas Bestimmtes erzeugt wird. Auf ein positives Erlebnis, das immer zusammen mit der Zigarette oder dem Vapen aufgetreten ist – das ist vergleichbar mit dem »Futter« des pawlowschen Hundes. Jede Raucherin und jeder Raucher hat dieses positive Erlebnis mit der Zigarette fest verknüpft und glaubt darum fälschlicherweise, dass sie oder er Lust auf eine Zigarette hat. Wer dampft, glaubt darum, Lust auf eine E-Zigarette zu haben. Was das ist, was rauchende oder vapende Menschen neben ihrer Zigarette oder E-Zigarette bekommen?

Nun, zum Beispiel bekommt jemand, der raucht oder dampft …

- ganz einfach eine Pause,
- ein paar meditative Minuten, die dem Stress die Spitzen nehmen,
- eine kleine Verzögerung, die die Mittagspause noch ein paar Minuten in die Länge zieht,
- nette Gesellschaft,
- etwas zu tun bei Langeweile,
- etwas zu tun, wenn man mit einer Aufgabe gerade nicht weiterkommt,
- eine Sache zum Festhalten bei Verlegenheit,
- die Möglichkeit, Kontakte zu knüpfen,
- einen Moment des Alleinseins,
- einen Augenblick zum Nachdenken,
- das Gefühl von Zugehörigkeit,
- oder auch mal das eine, mal das andere – oder mehreres davon auf einmal.

Spüren Sie jetzt einmal in sich hinein: Bringt diese Aufzählung etwas in Ihnen zum Klingen? Finden Sie sich in dem ein oder anderen wieder? Sie hatten ja in Kapitel zwei bereits die Frage beantwortet, was für Sie das Positive am Rauchen oder Vapen ist. Waren da auch solche Aspekte dabei oder wären Sie nicht darauf gekommen? Nehmen Sie sich Ihre Antworten bitte jetzt noch einmal vor und ergänzen Sie sie gegebenenfalls.

Dann schauen Sie sich die kleine Liste mit den positiven Erlebnissen einmal genauer an. Merken Sie etwas? Richtig, all das hat ursächlich überhaupt nichts mit der Zigarette, dem Vape oder dem Nikotin zu tun. Das sind alles Dinge, die auch

Menschen zugänglich sind und zustehen, die weder rauchen noch vapen. Wenn Sie sich dies bewusst machen, verliert die Zigarette oder E-Zigarette wahrscheinlich bereits deutlich an Reiz.

60 Jahre lang 20 Zigaretten am Tag – und dann keine einzige mehr

Ihr Körper funktioniert ohne Nikotin nicht nur ganz normal, im Falle des klassischen Tabakrauchens funktioniert er ohne das Kohlenmonoxid sogar wesentlich besser. Das ist das Gegenteil von Entzugserscheinungen. Wenn Sie wirklich abhängig im Sinne der medizinischen Suchtdefinition wären, wäre es nahezu unmöglich, ein paar Stunden nicht zu rauchen. Einer der wichtigsten Punkte, den Sie sich bitte immer wieder bewusst machen sollten: Eine wirklich substanzabhängige Person müsste zunächst immer eine bestimmte Menge rauchen, um einen gewissen Nikotinspiegel im Blut zu erreichen. Diese Menge benötigte sie, um normal zu funktionieren. Anschließend müsste sie die Dosis noch erhöhen, um den Kick zu bekommen, nach dem der Körper lechzt.

Aber wir haben ja schon gesehen, dass auch ein noch so hoher Nikotinspiegel bei regelmäßig Rauchenden völlig wirkungslos ist. Sie werden auch dann nicht high, wenn sie die Dosis erhöhen. Selbst Menschen, die Kette rauchen können so viel qualmen, wie sie möchten – sie werden einen Nikotinrausch bekommen, weil es so etwas nicht gibt. Um diesen Sachverhalt noch etwas besser zu verdeutlichen, möchte ich Ihnen gerne von einer meiner Klientinnen erzählen:

Vor einigen Jahren habe ich mehreren älteren Damen um die 70 geholfen, das Rauchen aufzugeben. Eine von ihnen hat mich besonders beeindruckt, ich nenne sie jetzt einmal Elisabeth. Sie war 73 und hatte seit ihrem 13. Lebensjahr geraucht. Sie hatte meine Werbung gesehen und beschlossen, dass 60 Jahre als Raucherin genug waren. Besser spät als nie. Als ich Elisabeth zum ersten Mal traf, rauchte sie 20 Zigaretten am Tag, etwas mehr als eine Schachtel. Das war ihr Limit. Sie hat natürlich nicht mit 13 Jahren mit 20 Zigaretten am Tag angefangen, aber war wohl recht bald bei dieser Anzahl gelandet. Meine Klientin konnte sich nicht mehr genau erinnern, wann genau das der Fall gewesen war, sie war sich aber ziemlich sicher, dass sie über einen Großteil dieser 60 Jahre immer etwa 20 Zigaretten am Tag geraucht hat. Nachdem sie diese 20 Zigaretten erreicht hatte, hat sie nie mehr die Dosis erhöht. Sie blieb dabei. So, wie fast alle, die rauchen, in etwa bei der gleichen täglichen Menge Zigaretten bleiben.

Elisabeth hat also über mehr als ein halbes Jahrhundert täglich immer ungefähr die gleiche Anzahl zu den gleichen Gelegenheiten geraucht: zum Kaffee, nach dem Essen, nach dem Aufstehen, vor dem Schlafengehen und so weiter. Mal eine mehr, mal eine weniger, aber im Schnitt kam sie immer ungefähr auf ihre 20 Zigaretten.

Elisabeth war damit eine absolut typsische Raucherin. Ob es zehn, 20 oder 60 Zigaretten sind: Wer raucht, pendelt sich bei einer bestimmten Anzahl Zigaretten ein – Sie kennen das bestimmt von sich selbst. Wenn Sie abends ausgehen und Freunde treffen, werden es vielleicht mal ein paar Zigaretten mehr, aber im Großen und Ganzen haben Sie in den vergangenen Jahren vermutlich an durchschnittlichen Tagen immer durchschnittlich die gleiche Menge Zigaretten geraucht.

Die Wahrscheinlichkeit, dass ein 20-Zigaretten-am-Tag-Raucher zu einem 60-Zigaretten-am-Tag-Raucher wird, ist dabei sehr gering. Genauso wie umgekehrt ein Mensch, der 60 Zigaretten am Tag raucht, nicht plötzlich auf 20 Zigaretten herunterfährt. Allerdings nicht etwa, weil er süchtig wäre, sondern weil diese bestimmte Anzahl seiner Gewohnheit entspricht.

Für jemanden, der 20 Zigaretten raucht, hat der Tag vielmehr 20 Momente, in denen er es passend findet, genau jetzt eine zu rauchen. Für jemanden, der 60 Zigaretten raucht, sind es 60 Momente. Momente, in denen etwas anderes, etwas Angenehmes, mit der Zigarette verbunden ist. Wie gesagt, das kann alles Mögliche sein. Ein Moment der Entspannung, ein meditatives Ritual, das kurze Ausdehnen der Mittagspause nur um ein paar Minuten …

Die Fähigkeit, bei einer bestimmten Anzahl Zigaretten zu bleiben, besitzen alle Raucherinnen und Raucher. Und sie ist ein eindrucksvoller weiterer Beweis, dass sie nicht körperlich abhängig sind. Wer dagegen körperlich abhängig ist, würde, nein, *müsste* die Dosis immer weiter erhöhen, weil sein Körper ihn dazu zwänge, ihm den Kick zu verschaffen. Dadurch würde dann das Limit noch weiter nach oben gesetzt. Beim nächsten Mal bräuchte die abhängige Person wiederum mehr. Würde sie hingegen versuchen, auch nur beim Pensum des Vortags zu bleiben, bekäme sie Entzugserscheinungen. Wer raucht, bekommt aber keine Entzugserscheinungen, es ist völlig problemfrei, immer bei der Dosis zu bleiben, an die die betreffende Person sich *gewöhnt* hat.

Sie sehen: Der Unterschied zwischen einer körperlichen Abhängigkeit und einer Angewohnheit wie dem Rauchen – oder auch dem Vapen – ist riesig.

Der Schlaf eines Süchtigen ist nicht der Schlaf eines Rauchers

Brauchen Sie noch mehr Beweise? Dann habe ich eine Frage: Wie lange schlafen Sie nachts? Sechs Stunden? Acht Stunden? Zehn? Egal, wie lange Sie schlummern, in dieser Zeit steht kein Raucher und keine Raucherin auf, um zu rauchen. Nicht der, der 20 Zigaretten raucht, nicht die, die 60 raucht, und auch nicht der, der zehn am Tag raucht. Niemand. Auch niemand, der regelmäßig dampft, würde seine Nachtruhe dafür unterbrechen. Sie alle putzen sich die Zähne, gehen zu Bett und schlafen. Einer meiner Klienten rauchte mehr als drei Schachteln am Tag und schlief immer zehn Stunden am Stück. Das waren also zehn Stunden ohne Zigaretten. Tagsüber rauchte er zwar im Schnitt alle zwölf Minuten eine Zigarette, doch dann schlummerte er wieder zehn Stunden selig.

Egal, ob Sie fünf, sechs oder zehn Stunden schlafen: Wären Sie abhängig, würden Sie nachts aufwachen, weil Ihr Körper nach seinem Nikotin verlangt. Ist man von einer Substanz abhängig, so reagiert der Körper sofort, wenn deren Spiegel im Blut unter ein Minimum fällt. Ihr Körper würde Sie wecken, damit Sie etwas unternehmen und ihm die begehrte Substanz zuführen. Aber wer sich das Rauchen oder Vapen angewöhnt hat, erlebt so etwas nicht. Wer raucht oder dampft, nimmt sich nachts eine lange Auszeit davon. Dafür brauchen sie kein Nikotinpflaster, das funktioniert einfach so. Auch wenn sie nachts kurz wach werden, etwa weil sie zur Toilette müssen, kämen sie nicht auf die Idee, sich in diesen paar Minuten eine anzustecken. Nein, sie gehen zurück ins Bett und schlafen weiter. Am Morgen werden sie wach, dann werfen die meisten erst mal die Kaffeemaschine an – und erst danach fangen sie wieder an zu rauchen oder zu dampfen.

Ein für eine echte Sucht völlig untypisches Verhalten. Viele erzählen mir außerdem, dass sie in bestimmten Situationen oder in Anwesenheit bestimmter Personen nicht rauchen: wenn sie ihre Mutter besuchen, Schulfreunde treffen oder ihre Kinder im Raum sind. Es macht ihnen nichts aus, für diese Zeit zu verzichten. Sie rauchen oder vapen erst danach wieder.

Machen Sie sich immer wieder klar: Rauchen ist keine Sucht, das Vapen genauso wenig. Beides ist eine Angewohnheit, die etwas Positives beabsichtigt: Stress zu verringern und besser zu entspannen, sich cool zu fühlen und so weiter und so fort. Es ist ganz wichtig, dass Sie das verstehen:

Rauchen ist zu 100 Prozent eine Gewohnheit!
Vapen ist zu 100 Prozent eine Gewohnheit!

Es liegt eigentlich nur im Interesse der Tabakindustrie, Sie glauben zu lassen, dass Rauchen eine Sucht ist. Denn das ist eine Suggestion, die es, wie wir gesehen haben, enorm erschwert, mit dem Rauchen aufzuhören. Diese Suggestion hält Raucher und Raucherinnen, im wahrsten Wortsinne, bei der Stange. Wo käme die Tabakindustrie hin, wenn all diese Leute entdeckten, dass sie sich ganz einfach und problemlos von ihrem kleinen Laster befreien können? Und das auch noch ohne Entzugserscheinungen? Auch die Hersteller von Nikotinpflastern wären nicht begeistert, spräche sich herum, dass Rauchen keine Sucht ist. Wer würde dann noch ihre teuren Pflaster kaufen?

DER LUFTBALLON GEGEN ALLES

Mit einem kleinen Ritual lässt sich sämtliches Verlangen schnell und auf verblüffende Weise in den Griff bekommen. Das muss gar nicht mal ein Verlangen nach einer Zigarette sein – das wird bei Ihnen bald sowieso keine Rolle mehr spielen. Aber Verlangen kann man ja nach allen möglichen Dingen haben. Sie können sich zum Beispiel nach einem Schokoriegel sehnen, einem Glas Bier, einer fettigen Portion Pommes frites, einer Tasse Kaffee oder nach einem Stück Schwarzwälder Kirschtorte.

Sie können mit dem sogleich beschriebenen Ritual jedoch auch ungewollte Gedankenspiralen loswerden, genauso wie Wut, Ärger, Frust oder Angst. Bei diesem Ritual steht etwas sehr Wichtiges im Fokus, nämlich Ihre Atmung. Die wird noch eine sehr große Rolle spielen, wie Sie bald sehen werden.

Los geht's:

- Stellen Sie sich vor, Sie halten einen nicht aufgeblasenen Luftballon zwischen Daumen und Zeigefinger. Dieser Luftballon hängt schlaff in Ihrer Hand. Zunächst geben Sie dem Luftballon eine Farbe. Dann holen Sie tief Luft. Stellen Sie sich beim Einatmen vor, wie Sie belebenden, lebensspendenden Sauerstoff tief in Ihre Lungen bringen und von dort aus in den ganzen Körper.
- Beim Ausatmen stellen Sie sich vor, wie Sie das ungesunde Verlangen mit Ihrer verbrauchten Atemluft in den Luftballon hineingeben. Sie sehen dabei, wie sich der Luftballon schon ein wenig füllt.

- Nun atmen Sie noch einmal ein. Wunderbaren Sauerstoff, ein positives Gefühl von völliger Gesundheit.
- Beim Ausatmen lassen Sie alles Negative ab – weg damit in den Luftballon. Der schwillt nun bereits um einiges mehr an.
- Dann atmen Sie bitte wieder tief ein – und geben danach mit der Ausatmung alles Negative in den Ballon.
- Wiederholen Sie das noch einige Male. Nach etwa zwei Minuten werden Sie sehen, dass der Luftballon prall gefüllt ist.
- Knoten Sie ihn dann bitte zu und lassen ihn los. Stellen Sie sich vor, wie der Luftballon nach oben wegfliegt. Bis an die Decke und dann durch die Zimmerdecke hindurch. Auch Sie können mit Ihrem Blick die Zimmerdecke durchdringen und dem Ballon hinterhersehen. Sie werden Zeuge, wie er das Dach durchbricht, dann in den Himmel steigt, immer weiter nach oben und weiter und weiter in den Himmel. Wie er kleiner wird, immer kleiner und kleiner und irgendwann ganz verschwindet – und mit ihm all das Negative, das Sie in ihn hineingegeben haben. Von diesem Moment an ist jedes Verlangen weg. Jede Wut. Jeder Ärger. Jede Ängstlichkeit. Wichtig ist bei diesem Ritual aber, dass Sie sich voll auf Ihre Atmung konzentrieren. Auf das Füllen der Lungen einerseits und das Füllen des Luftballons mit der verbrauchten Atemluft andererseits. Ihr Unterbewusstsein braucht solche Symbole, solche Bilder, denn damit kann es etwas anfangen. Je klarer Sie sich diese Bilder vorstellen können, umso besser setzt Ihr Unterbewusstsein Ihre Wünsche in die Tat um.

Kapitel 6

Gut zu wissen: Warum jede und jeder sofort mit dem Rauchen oder Vapen aufhören kann, wie die Aufschriften auf den Zigarettenpackungen sich in Ihr Unterbewusstsein schleichen, und was Sie sich von den Chinesen abschauen können

Möglicherweise haben Sie während der Lektüre der ersten fünf Kapitel bereits mit dem Rauchen oder Vapen aufgehört. Das ist natürlich ganz wunderbar. Trotzdem möchte ich Sie bitten, nicht hier haltzumachen und auf das Lesen der restlichen Kapitel zu verzichten. Wir werden Ihre neue Realität als Mensch, der weder raucht noch dampft nämlich noch auf weiteren Ebenen in Ihrem Unterbewusstsein verankern. Das ist wichtig, damit Ihr Erfolg auch dauerhaft ist.

Wenn Sie dagegen noch nicht mit dem Rauchen oder Dampfen aufgehört haben, werde ich Ihnen nun zeigen, dass Sie aufhören können. Sie werden spüren, dass Sie es in sich tragen, sofort zum Nichtraucher zu werden und auch Ihre Finger von jeder E-Zigarette zu lassen.

Stellen Sie sich dazu bitte nur folgende kleine Szene vor:

DER ARZTBESUCH

Sie sitzen beim Arzt im Sprechzimmer. Der Arzt hat Sie eingehend untersucht. Nun setzt er sich Ihnen mit besorgter Miene gegenüber und äußert einen erschütternden Satz: »Wenn Sie nicht *jetzt* aufhören zu rauchen, werden Sie bald sterben.« Versetzen Sie sich bitte, so gut es geht, in diese Situation. Wie reagieren Sie? Was fühlen Sie? Kommt in Ihnen Trotz auf? Unglauben? Angst? Und was tun Sie? Hören Sie auf oder machen Sie weiter? Ja, das ist eine schwierige Frage. Viele geraten nun ins Grübeln und fragen sich: Kann ich wirklich aufhören? Manche finden Ausreden, weshalb sie trotz dieser fatalen Prognose einfach weiterrauchen *müssen*. Weil sie nicht den wunderbaren Moment verlieren wollen, den das Rauchen für sie persönlich bietet. Den Moment der Entspannung. Die Pause im hektischen Alltag. Oder was auch immer der Einzelne mit der Zigarette verbindet. Eine schwierige Sache – trotz der Bedrohung des eigenen Lebens.

Nun möchte ich, dass Sie gedanklich noch einmal kurz das Sprechzimmer des Arztes verlassen und eine kleine mentale Übung machen:

Denken Sie bitte an die Menschen, die Sie lieben. Vielleicht ist es nur ein Mensch, vielleicht sind es mehrere. Denken Sie an Ihr Kind oder Ihre Kinder. Ihren Partner oder Ihre Partnerin. An Ihre Enkelkinder. An Ihre Eltern. Ihren besten Freund und Ihre beste Freundin. Wenn Sie ein Tierfreund sind, denken Sie auch an die Tiere, die Sie lieben. Ihren Hund. Ihre Katze. Ihr Pferd – oder was auch immer Sie für ein Tier haben.

Schließen Sie die Augen und rufen Sie sich all diese Menschen und Tiere, die Sie so sehr lieben, plastisch in Erinnerung. Umarmen Sie in Ihrer Vorstellung jeden und jede Einzelne. Wechseln Sie ein paar Worte. Spüren Sie die Liebe, das warme Gefühl der Geborgenheit. Streicheln Sie die Tiere. Halten Sie sie im Arm. Dann öffnen Sie die Augen wieder. Spüren Sie diesem warmen und so wunderbaren Gefühl der Liebe nach.

Nun begeben Sie sich, mit diesem wunderbaren Gefühl im Bauch, zurück ins Sprechzimmer des Arztes. Stellen Sie sich die gleiche Szene beim Arzt noch einmal vor. Der Arzt trägt wieder seinen sehr besorgten Gesichtsausdruck. Er holt tief Luft, dann sagt er zu Ihnen: »Wenn Sie nicht aufhören zu rauchen, dann sterben die, die Sie lieben!« Was sagen Sie nun? Nun ist die Lage plötzlich eine ganz andere, nicht wahr? Auf einmal gibt es nur einen denkbaren Weg. Es gibt keine Zweifel und kein Zögern. In diesem Moment hört jeder auf. Ausnahmslos. Ich könnte Ihnen eine Zigarettenpackung auf dem goldenen Tablett servieren, und Sie würden sie nicht anrühren. Nein, Sie würden nie wieder eine Zigarette in den Mund nehmen, wenn dadurch diejenigen, die Sie lieben, stürben.

»Ja, aber«, werden Sie vielleicht nun sagen, »das ist doch völlig unrealistisch! Es stirbt doch niemand, weil ich rauche – ich gehe auch immer brav auf den Balkon, wenn ich mir eine anstecke, um andere Leute vor dem Passivrauchen zu schützen.« Und ich antworte Ihnen: »Das spielt keine Rolle, denn darum geht es hier nicht.« Diese kleine, intensive Gedankenübung funktioniert natürlich auch mit dem Vapen. Sie zeigt Ihnen eine ganz wichtige Sache: Dass Sie aufhören können, wenn Sie wollen. Sofort. So, wie auch fast alle Frauen ohne Zögern aufhören zu rauchen, wenn sie feststellen, dass sie ein Baby erwarten – selbst wenn sie zuvor starke Raucherinnen waren. Alles, was Sie brauchen, ist ein Grund, der stark genug ist. Diese Übung zeigt Ihnen, was in Ihnen steckt. Sie können es – und jetzt wissen Sie, wie sich das anfühlt.

So abstrakt ist dieses Gefühl außerdem gar nicht. Denn so, wie Sie Ihr Kind oder Ihre Kinder, Ihren Partner oder Ihre Partnerin, Ihre Eltern oder engsten Freunde lieben, so lieben diese umgekehrt auch Sie. Dieser Mensch sieht oder diese Menschen sehen hilflos dabei zu, wie Sie sich täglich mit dem Rauchen Schaden zufügen. Diese Menschen machen sich Sorgen um Sie, haben Angst, dass Sie krank werden könnten. Der Gedanke, dass Sie sterben könnten, weil Sie rauchen, ist bei Ihren Lieben sehr präsent. Wenn Sie stürben, dann würden Sie diesen Menschen Schaden und Schmerzen zufügen. Ja, diese von Ihnen geliebten Menschen würden leiden. Ihr Hund, Ihre Katze würde vielleicht im Tierheim landen und vor Trauer aufhören zu fressen. Wenn Sie es nicht für sich tun können, so stellen Sie sich von diesem Moment an vor, Sie tun es für diese andere Person, für diese Menschen, für diese Tiere, die Sie lieben: Hören Sie auf zu rauchen!

Weil Sie es sich wert sind

Diese gedankliche Übung wirft auch noch eine andere essenzielle Frage auf, nämlich die der Wertigkeit. Die Menschen, die Sie lieben, sind es Ihnen wert, mit dem Rauchen oder Vapen aufzuhören. Sind Sie es sich selbst nicht auch wert? Wenn Sie bisher nie über diese Frage nachgedacht haben und deshalb nicht wissen, was Sie darauf antworten sollen, müssen Sie sich keine Sorgen machen. Sie tragen diese Wertschätzung in sich. Der Beweis liegt auf der Hand: Sie haben die Entscheidung getroffen, dieses Buch zu kaufen, um etwas gegen Ihr Problem zu tun. Und wenn Sie es »nur« geschenkt bekommen haben, haben Sie die Entscheidung getroffen, es zu lesen – Sie haben es nicht einfach in die Ecke gelegt. Diese Entscheidung beweist, dass Sie tatsächlich aufhören möchten – und damit beweist es auch, dass Sie es in sich haben, mit den Zigaretten oder E-Zigaretten aufzuhören.

Das Schöne dabei ist: Sie werden auf nichts verzichten müssen, das Sie sonst mit dem Rauchen verbunden haben. Sie werden weiterhin Ihre Pausen bekommen, Sie werden problemlos mit Stress umgehen können. Sie werden klarer denken können als jemals zuvor. Ich werde Ihnen helfen zu verstehen, warum Sie rauchen – denn der Grund ist wirklich nicht das Nikotin! Wenn Sie das einmal verstanden und verinnerlicht haben, ist der Abschied vom blauen Dunst – oder dem farblosen Dampf – kein Problem mehr. Vertrauen Sie mir!

ZWEI MAL FÜNF GRÜNDE

Hier kommt direkt noch eine praktische Aufgabe. Bitte überspringen Sie sie nicht, denn Sie brauchen das, was Sie hier aufschreiben, für den nächsten Schritt. Nehmen Sie wieder Ihr Heft und Ihren schönen Stift zur Hand. Dann stellen Sie sich vor, wie ich als Ihr persönlicher Nichtrauchercoach erwartungsvoll vor Ihnen stehe. Es ist jetzt Ihre Aufgabe, mich zu überzeugen!

FÜNF GRÜNDE FÜRS JETZT …

Schreiben Sie fünf Gründe auf, warum Sie *jetzt sofort* aufhören zu rauchen oder zu vapen. Wie immer gilt: Denken Sie Ihre Antworten nicht nur, schreiben Sie sie wirklich nieder. Ich weiß, Sie haben schon ähnliche Fragen beantwortet. Das macht aber nichts, im Gegenteil. Denn es waren eben nur ähnliche Fragen, nicht dieselben. Jetzt geht es nämlich nicht nur um ein »könnte« und um ein »vielleicht«, jetzt gilt es. Also, legen Sie los: Warum hören Sie *jetzt* auf zu rauchen? Warum hören Sie *jetzt* auf zu vapen?

… UND FÜNF GRÜNDE FÜR DIE ZUKUNFT

Nachdem Sie nun fünf Gründe dafür gefunden haben, warum Sie jetzt sofort mit dem Rauchen oder Vapen aufhören möchten, stelle ich Ihnen als Ihr Nichtrauchercoach die nächste Frage: Welche positiven Veränderungen werden sich in Zukunft in Ihrem Leben einstellen, weil Sie nicht mehr rauchen oder vapen? Schreiben Sie auch diese Antworten bitte auf. Dabei kann es um alles gehen, um Ihre Beziehungen, Ihre

Gesundheit, Ihre Wohnung, Ihre Laune, Ihre Finanzen. Sie dürfen hier auch Gründe aus der vorigen Frage wiederholen, damit bekräftigen Sie deren Wichtigkeit. Sie können auch auf all das zurückgreifen, was Sie bis hierher übers Rauchen oder Dampfen gelesen und gelernt haben.

Wenn Sie damit fertig sind, holen Sie sich bitte ein jungfräuliches Blatt Papier, am besten ein schönes Briefpapier oder zumindest einen dicken Bogen schweres Druckerpapier. Dieses Papier wird jetzt zu einem wichtigen Dokument. Zum …

VERTRAG MIT MIR SELBST

Ich, (Name) ______________________, habe einen Beschluss gefasst:

Von heute an bin ich Nichtraucher/Nichtraucherin!

Ich höre jetzt auf zu rauchen/zu vapen, weil …

1.)
2.)
3.)
4.)
5.)

In meinem Leben werden darum folgende positive Veränderungen eintreten:

1.)
2.)
3.)
4.)
5.)

Ich werfe hiermit alte Denkmuster weg und bin offen für neue Erfahrungen. Ich schätze mich wert wie den größten Schatz in meinem Leben. Ich verdiene es, gesund zu sein und geliebt zu werden. Ich übernehme für mich und meinen Körper die volle Verantwortung. Ich werde das Programm von Jan Becker Schritt für Schritt durchführen und die Anweisungen befolgen, um mein Ziel zu erreichen. Ich habe mich entschieden, Nichtraucher/Nichtraucherin zu sein. Ich habe mich entschieden, nicht zu vapen.

(Datum) (Unterschrift)
____

Festgeschrieben im Unterbewusstsein

Vielleicht erscheint Ihnen so ein Vertrag mit sich selbst ein bisschen übertrieben. Vielleicht fühlen Sie sich sogar von mir gegängelt, weil ich immer wieder betone, wie wichtig das handschriftliche Festhalten Ihres Vorhabens ist. Dann verrate ich Ihnen jetzt etwas: Beim Verschriftlichen von Zielen, die auch noch mit eigenhändiger Unterschrift versehen werden, handelt es sich um eine alte und tausendfach erprobte Methode. Eine Methode, die zum Beispiel alle Geheimdienste dieser Welt kennen und nutzen.

Bevor jetzt bei Ihnen die Alarmglocken schrillen: Natürlich möchte ich Ihnen nichts unterjubeln. Es geht mir nur darum, Ihnen eine effektive Methode zur »Neuprogrammierung« Ihres Unterbewusstseins zu erläutern. Beim Schreiben werden wir nämlich gezwungen, Dinge so eindeutig zu formulieren, dass wir sie in Sätze fassen können. Gedanken hingegen bleiben oft verschwommen und diffus. Verschwommenes und Diffuses kann unser Unterbewusstsein aber nicht verstehen und darum auch nicht in neue Verhaltensweisen umsetzen. Es braucht klare Aussagen.

Ich möchte Ihnen die Wirkweise des Schreibens an einem Phänomen verdeutlichen, das nach dem Koreakrieg in den USA für Erstaunen gesorgt hat. Ein Teil der Soldaten, die aus der chinesischen Kriegsgefangenschaft zurückkehrten, hatte eine kommunistische Haltung angenommen. Außerdem kehrten einige Soldaten nach dem Krieg nicht in die USA zurück.

Offenbar hatten die Chinesen ihre amerikanischen Gefangenen nicht nur massiv unter Druck gesetzt, sondern sie hatten zudem verschiedene Methoden der ideologischen Umerziehung an ihnen ausprobiert.

So bekamen die Soldaten von den Chinesen unter anderem die Aufgabe, darüber nachzudenken, was ihnen an den USA missfiel. Diese Dinge sollten sie aufschreiben. Auch wenn die Soldaten zu dieser Schreibübung gezwungen wurden, so trug sie dennoch dazu bei, dass sich der Fokus der jungen Männer verschob. Statt ihr Land zu glorifizieren, wie man es vom Militär erwartet, begannen sie, in kritischen Bahnen zu denken. Die Soldaten wurden dann auch noch dazu angehalten, ihren Zettel zu unterschreiben.

Dadurch verwandelte sich die erst einmal noch relativ unverbindliche Liste in ein offizielles Dokument. Eine Unterschrift mag nur aus zwei Wörtern bestehen, unserem Vor- und Zunamen, doch wir haben im Lauf unseres Lebens gelernt, dass uns eine Unterschrift in die Pflicht nimmt. Das weiß auch unser Unterbewusstsein. Aus diesem Grund bekommt all das, was wir unterschreiben, vom Unterbewusstsein einen »Wichtig«-Stempel und wird bevorzugt behandelt – ganz besonders, wenn wir das, was da unterschrieben wird, auch noch eigenhändig aufgeschrieben und damit frisch und deutlich in Erinnerung haben. Die Unterschrift verpflichtet nun das Unterbewusstsein, in Einklang mit dem zu handeln, was wir unterschrieben haben.

Die Chinesen ließen die Soldaten nach diesem Muster offensichtlich ganze Aufsätze verfassen, in denen die jungen Männer unter anderem die USA zu kritisieren oder sich positiv mit dem Kommunismus auseinanderzusetzen hatten. Anschließend mussten sie ihre Texte laut den Mitgefangenen vortragen. Das ist sehr raffiniert, denn das laute Vorlesen eines eigenen Pamphlets hebt den Inhalt des Gelesenen auf ein noch höheres Niveau der Verpflichtung. Was man mehr oder weniger öffentlich im eigenen Namen vorträgt, dazu muss man sich kongruent verhalten. Selbst dann, wenn man das Pamphlet nicht freiwillig verfasst hat. Außerdem kommt über den Hörsinn noch eine weitere neuronale Spur im Gehirn hinzu, die den Inhalt des Geschriebenen verfestigt. Erst unmerklich, dann immer deutlicher begannen die Soldaten, sich mit dem zu identifizieren, was sie da schrieben.

Ein raffinierter Aspekt eines solchen Vorgehens ist, dass die Soldaten die Texte und ihre Inhalte ja auch tatsächlich selbst geschrieben hatten. Das Geschriebene war trotz der Umstände, unter denen es entstanden war, ein Produkt der eigenen kritischen intellektuellen Auseinandersetzung mit dem Thema. Es war damit bis zu einem gewissen Grad tatsächlich die eigene Meinung. Diese Methoden wären unter positiven und freiwilligen Umständen wohl noch wesentlich erfolgreicher gewesen. Doch Zwang, Brutalität und Repressionen, derer sich die Chinesen gleichzeitig bedienten, mag das Unterbewusstsein überhaupt nicht.

Das Vorhaben so öffentlich wie möglich machen

Umso effektiver lassen sich die subtilen Methoden der Verschriftlichung einsetzen, wenn man damit freiwillig und motiviert ein Ziel verfolgt. Genau darum ist der Vertrag mit sich selbst eine ganz wunderbare Idee. Noch besser ist es, diesen Vertrag so öffentlich wie möglich zu machen. Im Freundeskreis und in der Familie davon zu erzählen. Ihn im Büro aufzuhängen oder ein Foto davon zu machen und es im sozialen Netzwerk einzustellen. Mit jedem »Like«, das Sie bekommen, steigt Ihre Verpflichtung sich selbst gegenüber. Das heißt, Sie nehmen Ihren eigenen Entschluss ernster und kommen über ein abwartendes »Schaun mer mal, ob das funktioniert« hinweg und hinein in eine aktive Rolle – als Nichtraucherin oder Nichtraucher. Als jemand, der nicht vapt.

Das hilft Ihnen vor allem, die erste Zeit zu überbrücken, bis Ihre neue Realität ganz ohne Zigaretten oder Vapes für Sie zur Selbstverständlichkeit geworden ist. Wenn Sie dann am eigenen Leib erleben, dass Sie ja schon wochenlang keine Zigarette oder E-Zigarette mehr angerührt haben, ist das für Ihr Unterbewusstsein ein ermutigendes Signal. Dort kommt an, dass das, was Sie sich da neuerdings ständig selbst predigen – dieses »Ich rauche nicht!« und »Ich vape nicht!« –, offensichtlich nichts anderes als die Wahrheit ist. Eine Wahrheit, die Ihr Unterbewusstsein nun bereitwillig aufnimmt und sich danach verhält.

SCHÜTTEL DEIN HAAR, BABY!

Jetzt geht es also tatsächlich los, Ihr neues Leben als Nichtraucher oder Nichtraucherin. Als jemand, der weder raucht noch dampft. Ist Ihnen mulmig zumute? Dann möchte ich Ihnen ein kleines Ritual ans Herz legen, das mir immer hilft, wenn ich doch mal nervös werde, etwa bei Lampenfieber vor Auftritten. Haben Sie Lust? Dann stehen Sie bitte einmal auf. Schütteln Sie nun Ihren ganzen Körper ordentlich durch, bis Sie richtig wach und aufmerksam sind. Die Arme, die Beine, den Rumpf und den Kopf. Schlackern Sie, was das Zeug hält. Werden Sie zum Headbanger. Nicht nur die Muskeln werden so gelockert und das Gehirn durchblutet. Mit dem Schütteln fallen auch negative Gedanken von Ihnen ab. Sie werden konzentriert und aufmerksam. Ich mache dieses lustige Schüttelritual oft vor Auftritten, um mich ganz auf das Kommende zu fokussieren und mir selbst zu signalisieren: Jetzt geht's los!

Kapitel 7

Das Innenleben unserer Psyche: Warum wir für wahr halten, was wir nur oft genug hören, Entzugserscheinungen sich selbst erfüllende Prophezeiungen sind, und was Zigaretten aller Art mit Feuerwehrautos gemein haben

Nach Zahlen der Weltgesundheitsorganisation WHO sterben jährlich weltweit mehr als sieben Millionen Menschen an den Folgen des Rauchens, etwa ein Drittel davon an Krebs. Darunter 1,6 Millionen Menschen, die dem Rauch passiv ausgesetzt sind. All das ist eine Tragödie. Fürchterliche Bilder von Raucherlungen, abgefaulten Füßen und abgemagerten Menschen, die auf jeder Zigarettenschachtel prangen, sollen Menschen davon abhalten, mit dem Rauchen anzufangen. Und sie sollen andere so ängstigen, dass sie mit dem Rauchen aufhören. Doch das funktioniert nicht. Raucherinnen und Raucher bekommen zwar mit solchen Bildern ein noch schlechteres Gewissen, als sie ohnehin schon haben, das schon. Vielleicht lassen sich auch ein paar sehr sensible Teenager abschrecken, überhaupt anzufangen. Zwar gibt es inzwischen etwas weniger Raucherinnen und Raucher als noch vor einigen Jahren, aber mit den Schocker-Bildern auf den Zigarettenschachteln hat das sicher nichts zu tun. Eher damit, dass Rauchen unter jungen Leuten inzwischen als uncool gilt und viele Teenager darum überhaupt keine Berührung mit Zigaretten haben. Wie wir schon gesehen haben, vapen stattdessen allerdings inzwischen viele junge Menschen – und der Schritt von dieser Gewohnheit zum »richtigen« Rauchen ist klein. Nicht nur, weil sie ein Einstieg sein können, sind E-Zigaretten keineswegs harmlos, auch wenn sie häufig so wahrgenommen werden. Sobald die enthaltenen Flüssig-Aromen verdampfen, werden dabei gesundheitsschädliche Stoffe frei. Aber egal, ob Sie vapen oder »klassisch« rauchen: Nikotin trägt, wie Sie inzwischen wissen, an der Aufrechterhaltung dieser Gewohnheit keine Schuld. Es wäre viel gewonnen, wenn endlich im großen Stil mit dem Märchen aufgeräumt würde, dass Rauchen eine Sucht ist. Solange alle, die rauchen oder vapen, der festen Überzeugung sind, an den Zigaretten oder Vapes zu hängen wie ein Junkie an der Nadel, werden sie es sich nicht zutrauen, dauerhaft aufzuhören. Und wenn sie es trotzdem versuchen, erleben sie es als unglaublich schwer – die Rückfallquoten bleiben damit hoch.Viele meiner Coachees sagen mir bei unserem ersten Treffen tatsächlich:

»Ich habe gehört, dass Rauchen so süchtig macht wie Heroin.« Und wissen Sie was? Ich habe das auch gehört. Irgendwann mal. Wie die meisten habe ich keine Ahnung, von wem diese »Information« kam. Was ich aber weiß: Diese Behauptung ist ein Mythos, und wie jeder Mythos fußt auch dieser nicht auf Fakten. Wie jeder Mythos verbreitet er sich allein durch Weitersagen. An Stammtischen, in Kaffeepausen oder im Small Talk auf der Party wird so eine Behauptung weitergereicht. Das Problem dabei ist: Was man nur oft genug hört oder liest, erscheint einem wahr und vertrauenswürdig. So funktioniert unsere Psyche.

Ich habe einmal von einem lustigen Versuch gelesen, der von einer amerikanischen Studentenzeitschrift durchgeführt wurde. Dort versteckte man Fantasiewörter in den Artikeln, die weder im Englischen noch in einer anderen Sprache etwas bedeuten. Sinnfreie Buchstabenfolgen, so etwas wie »kalimap« oder »flarzu«. Manche dieser Wörter wurden über einige Zeit häufig in den Texten versteckt, andere nur ein- oder zweimal.

Der studentischen Leserschaft war nicht bewusst, dass sie Teil eines Experiments war. Die Studenten hatten einfach immer über die unverständlichen Wörter hinweggelesen, ohne es überhaupt zu bemerken – auch das ist etwas, was unser Gehirn mit Bravour kann. Was nicht zur Erwartung passt, wird aussortiert – erinnern Sie sich noch an die grauen Katzen in der Nacht?

Das Unterbewusstsein hatte die merkwürdigen Wörter allerdings sehr wohl registriert, wie sich bald herausstellte. Den Studenten wurden nämlich die Wörter gezeigt, begleitet von der Behauptung, es handle sich um Wörter in einer fremden Sprache. Die Leser sollten nun raten, welche der Wörter eine positive und welche eine negative Bedeutung hatten. Dabei zeigte sich, dass hinter den oft gesehenen Wörtern durchweg eine positive Bedeutung vermutet wurde, hinter den selten gesehenen eine negative. Verblüffend, oder?

Wiederholung ist ein Segen und ein Fluch zugleich

Alleine, weil etwas oft gesehen wird, wird es also als positiver, wahrer und vertrauenswürdiger empfunden als etwas anderes. Das hat eigentlich einen evolutionären Sinn und ist im Ursprung ein Schutzmechanismus. Unbekanntes Terrain bedeutete für unsere Urahnen immer erst mal potenzielle Gefahr bei ihren Streifzügen auf der Suche nach Essbarem. Sie mussten vorsichtig sein und sich langsam bewegen, denn hinter jedem Baum konnte ein Säbelzahntiger oder das Mitglied eines feindlichen Stammes lauern. Hinter jeder Biegung konnte sich ein Abgrund oder ein gefährlicher Sumpf verbergen. Wenn unsere Ahnen aber denselben Weg wiederholt gegangen waren, jeden Baum, jeden Felsen, jede Lichtung wiederholt gesehen hatten, ohne dass ihnen dabei etwas Schlimmes passiert war, konnten sie relativ sicher sein, dass hier keine Gefahr lauerte. Sie konnten davon ausgehen, dass in der Nähe weder eine Säbelzahntigerfamilie noch eine militante Meute hauste, die ihnen nach dem Leben trachtete. Außerdem hatten sie mittlerweile herausgefunden, wie sie sumpfige und abschüssige Stellen am besten umschifften. Sie hatten sich, durch wiederholte Erkundung, mit dem neuen Gebiet vertraut gemacht. Das durch die Wiederholung bekannt Gewordene wurde schließlich als vertrauenswürdig abgespeichert. Wiederholung bedeutet in diesem Fall nichts anderes als einen Lernprozess.

Es steckt in unseren Genen, Neues zunächst immer kritisch zu beäugen – ganz einfach, um sich vor bösen Überraschungen zu schützen. Dieser psychologische Mechanismus aus Urzeiten ist für uns ein Segen und ein Fluch zugleich. Ein Fluch ist er zum Beispiel, wenn daraus Fremdenfeindlichkeit hervorgeht: Nirgendwo ist die größer als dort, wo sich noch nie ein Fremder gezeigt hat. Was eigentlich paradox klingt, ergibt mit dem Wissen um die Psychologie dahinter plötzlich Sinn – und es sollte jedem Menschen, der Angst vor Fremden hat, zu denken geben. Es zeigt nämlich, dass diese Angst nichts, aber auch gar nichts, mit den Fremden zu tun hat. Sie resultiert einfach nur daraus, dass man den oder die Fremden nicht kennt. Statt auf Wissen greift man auf Vorurteile zurück. Hier ist ein Mangel an wiederholter offener Begegnung mit den Fremden das Problem. Nur eine solche Begegnung kann Skepsis in tatsächliche Erfahrung und Fremde möglicherweise sogar in Freunde verwandeln. Die andere Seite des Problems hat auch mit Wiederholung zu tun, allerdings mit der übermäßigen: Dabei geht es um die ständige Wiederholung fremdenfeindlicher Vorurteile im eigenen Umfeld. All dies geschieht in der Regel, ohne dass die Menschen sich darüber bewusst wären.

In der Hypnosetherapie nutzt man die Macht der Wiederholung dagegen bewusst, um positive und erwünschte Glaubenssätze im Unterbewusstsein zu verfestigen und gleichzeitig alte, überkommene Ideen, die einem das Leben schwer machen, zu schwächen.

Doch zurück zum Rauchen: Es wird immer wieder überall gebetsmühlenartig wiederholt, dass das Rauchen – und inzwischen auch das Vapen – eine Sucht sei – hin und wieder sogar mit dem Zusatz, es handle sich um eine so schwere Abhängigkeit wie die von Heroin (wobei ja auch die Annahme, dass Heroin hohes Suchtpotenzial hat, wohl zumindest zu einem wesentlichen Anteil auf einer selbst erfüllenden Prophezeiung beruht, wie Sie in Kapitel eins gesehen haben). Diese permanente Wiederholung führt dazu, dass wir irgendwann daran glauben. Ganz ohne unser aktives Zutun schleicht sich dieser Glaube in unser Unterbewusstsein. Erst mal völlig unabhängig davon, ob die Behauptung wahr oder falsch ist, sondern aus dem einzigen Grund, weil wir ihr überall begegnen. Alleine dadurch, dass wir mit dem Satz »Rauchen macht süchtig« oder »Nikotin macht süchtig« unzählige Male konfrontiert worden sind, halten wir ihn für wahr. Dazu muss man diesen Satz nicht mal bewusst lesen, es reicht, dass er auf jeder dritten Zigarettenpackung steht. Es nützt nichts, sie hastig in ein schickes Etui zu stopfen, um die nervigen Warnsprüche nicht ständig sehen zu müssen. Subtil wahrgenommen haben Sie sie bereits.

Und wenn Sie einmal fest daran glauben, dass Sie körperlich abhängig sind, dann glauben Sie auch, dass es schmerzhaft und schwierig sein muss, sich von dieser Abhängigkeit zu lösen. Dann glauben Sie, dass Sie einen hohen Preis zahlen müssen, um aufzuhören. Dann glauben Sie, dass Sie Schmerzen und andere Entzugserscheinungen durchleiden müssen, wenn Sie das Rauchen sein lassen.

Wir bekommen, was wir glauben zu bekommen

Schauen wir uns einmal anhand einiger Beispiele an, was tief verwurzelte Annahmen mit uns machen können. Nehmen wir einmal an, die schlimmste Befürchtung einer jungen Frau ist es, nach dem Aufhören mit dem Rauchen zuzunehmen. Vielleicht hat diese Dame zufällig eine Freundin, die, nachdem sie dem blauen Dunst abgeschworen hat, tatsächlich auseinandergegangen ist wie ein Hefekuchen. Immer wenn diese junge Frau denkt, dass sie eigentlich aufhören möchte, kommt ihr diese Freundin in den Sinn. Dick zu werden, wenn man mit dem Rauchen aufhört, scheint ihr eine fast unausweichliche Folge zu sein. So eine Annahme ist eine hochwirksame Suggestion. Eine starke Erwartung, dass etwas Bestimmtes mit an Sicherheit grenzender Wahrscheinlichkeit eintreten wird. Natürlich kann es daneben eine zarte Hoffnung geben, dass die Befürchtung sich nicht bewahrheiten wird und man rank und schlank bleibt. Doch so eine Hoffnung ist ein schwaches Pflänzchen gegenüber der eigentlichen Überzeugung. Denn Erwartungen haben die Tendenz, sich in selbst erfüllende Prophezeiungen zu verwandeln.

Gesetzt den Fall, die junge Frau wagt es eines Tages trotz ihrer Bedenken, das Rauchen aufzugeben. Vorsichtshalber verbietet sie sich bereits im Vorhinein, etwaigen Gelüsten auf Dickmacher nachzugeben – ihr ist ihre schlanke Figur wichtig, und sie möchte nicht ein so dickes Ende erleben wie ihre Freundin. Unter solchen Vorzeichen wartet nun auf die junge Dame eine ziemlich schwere Zeit. Warum? Ganz einfach: Sie wird künftig jedes Anzeichen von Appetit oder gar Hunger als Nebenwirkung ihres Verzichts auf Zigaretten deuten. Zwar handelt es sich dabei um ganz normale Körperempfindungen, die jeder Mensch täglich mehrfach hat, völlig egal, ob Raucher, Nichtraucher, Baby oder Oma. Doch dadurch, dass ihr Fokus auf der Angst liegt zuzunehmen, erscheinen der Frau Hunger und Appetit übergroß und kaum auszuhalten. Sie fühlt sich diesen Empfindungen hilflos ausgeliefert.

Doch nicht nur das: Sobald der Frau zu Bewusstsein kommt, dass sie sich gerade in einer Situation befindet, in der sie normalerweise eine Zigarette geraucht hätte, stellt sich – ganz gemäß ihrer Erwartung – eine unbändige Lust ein, etwas zu essen. Und zwar wird sie mit großer Wahrscheinlichkeit keine Lust auf Salat und Möhren bekommen, sondern auf genau die Dickmacher, die sie sich ausdrücklich versagt hat. Chips, Schokolade und dergleichen werden wegen des Verbots das Erste sein, was ihr in den Sinn kommt – bekanntlich ist immer das am begehrlichsten, was man nicht darf. Stellen wir uns vor, unsere junge Frau bekommt jedes Mal Lust auf eine Praline. Vielleicht steckt sie sich dann als »Ersatz« erst mal einen Kaugummi in den Mund. Aber ein Kaugummi ist keine Praline. Er schmeckt wie ein mieses Substitut, und – vor allem – regt Kaugummikauen die Magensäureproduktion und den Speichelfluss an. Der Körper bereitet sich als Reaktion auf das Kauen auf Nahrungsaufnahme vor. Wenn dann aber nichts im Magen ankommt, schlägt der Körper Alarm: mit Hunger. Spätestens dann kann man der Praline nicht mehr widerstehen. Vielleicht werden es sogar zwei.

Es wird der jungen Frau außerdem übermenschlich anstrengend erscheinen, auf Dauer gleich zwei Versuchungen – der Zigarette *und* der Süßigkeit – zu widerstehen. Wenn sie sich eine Weile auf diese Weise kasteit hat, ist es wahrscheinlich, dass sie irgendwann zum in ihren Augen geringeren Übel der beiden greift: Praline oder Zigarette.

Recht behält sie mit der Erwartung »Ich kann nicht mit dem Rauchen aufhören, ohne zuzunehmen« in jedem Fall: Wenn die junge Frau jedes Mal statt einer Zigarette mindestens eine Kalorienbombe mit durchschnittlich 50 oder mehr Kalorien konsumiert, wird sie vermutlich wirklich zunehmen. Oder sie bleibt eben Raucherin. Ein Paradebeispiel einer Self-fulfilling Prophecy.

Noch ein Beispiel: Nehmen wir an, ein Manager ist ein eher aufbrausender Typ. Er ist der Meinung, dass ihn das Rauchen beruhigt. Dabei sind in einer Zigarette zwar, wie gesagt, Tausende Chemikalien, aber keine einzige davon ist für ihre beruhigende oder entspannende Wirkung bekannt. Im Gegenteil, es sind sogar einige dabei, die unruhig machen – etwa das Kohlenmonoxid, das dazu führt, dass das Herz mehr pumpen muss. Trotzdem wird dieser Manager ab dem Moment, in dem er nicht mehr raucht, jeden Anflug von Stress, jede Unruhe besonders aufmerksam wahrnehmen und beides auf das Nichtrauchen schieben. In Wirklichkeit aber erlebt jeder Mensch täglich Momente der Unruhe. Die gehen meist schnell vorüber, wenn man ihnen nicht zu viel Aufmerksamkeit schenkt. Es ist alles eine Sache des Fokus!

De facto muss niemand zunehmen, weil er mit dem Rauchen aufhört, und ebenso wenig ist jemand ohne Zigaretten seinem Stress hilflos ausgeliefert, wenn er denn versteht, was beim Rauchen wirklich passiert.

DIE BOTSCHAFT FÜR ALLE FÄLLE

Vielleicht haben Sie so lange gezögert, mit dem Rauchen oder auch dem Vapen aufzuhören, weil Sie Angst vor den »Entzugserscheinungen« hatten. Die Erwartung, Entzugserscheinungen zu bekommen, gehört zur gelernten Erwartung, dass es schwer ist, mit dem Rauchen aufzuhören, dazu.

Dabei haben viele Menschen nicht ein einziges Entzugssymptom, wenn sie mit dem Rauchen aufhören, eben weil die physiologische Komponente beim Rauchen eine so verschwindend geringe Rolle spielt. Aber unsere Psyche hat enorme Macht. Alleine die Erwartung, unangenehme Symptome zu bekommen, kann bewirken, dass Sie schwitzen, zittern oder aggressiv werden. Vielleicht möchten Sie auch statt zur Zigarette zu Schokolade, Pralinen oder Chips greifen. Einfach, um die gewohnte Handlung – den Griff zur Zigarette – mit etwas anderem zu ersetzen.

Wenn Sie Angst vor solchen Augenblicken haben, gibt es ein gutes Mittel dagegen: Machen Sie sich von Anfang an klar, dass es sich dabei um eine Phase handelt, die bald vorübergehen wird – falls es Sie überhaupt treffen sollte (was übrigens bedeuten kann, dass Sie besonders gut hypnotisierbar sind, denn das, was Sie als Entzugssymptome erwarten, wird ja wahr).

Ich rate allen meinen Klienten und Klientinnen – egal, mit welchem Problem sie zu mir kommen, ob nun Rauchen, Spinnenphobie oder Flugangst –, sich einen kleinen Zettel mit einem Satz zu beschriften und diesen Zettel in ihrem Portemonnaie mit sich herumzutragen, um ihn immer zur Hand zu haben. Der Satz lautet:

Auch das wird vorübergehen!

Der Satz erinnert daran, dass nichts von Dauer ist. Das gilt für alles im Leben, alles ist in Bewegung. Bei schönen Dingen ist das manchmal schmerzlich, aber ohne Regen würden wir einen wunderschönen Sommertag wohl kaum zu schätzen wissen. Wenn wir schöne Dinge erleben, ist dieser Satz aber ebenso wertvoll. Er erinnert daran, sich auf den Moment zu besinnen. Demut vor dem Leben zu zeigen. Das Jetzt voll auszukosten, mit allen Sinnen, denn wir haben immer nur diesen einen Moment. Nur das Jetzt ist wirklich. Die Vergangenheit ist vorüber, und man weiß nie genau, was die Zukunft bringen wird.

Bei weniger schönen Dingen ist dieser Satz sehr tröstlich. Eine Wunde, die jetzt groß, klaffend und hässlich aussieht und schmerzt, wird in ein paar Monaten nicht mehr als eine Narbe sein. Bis dahin gilt es, Geduld zu haben und die nicht so hübschen Begleiterscheinungen hinzunehmen: dass die Wunde zunächst nässt, dann Schorf bildet, schließlich juckt … Wir ertragen all das geduldig, weil wir genau wissen, dass sich die Wunde

Wunde irgendwann schließen wird. Wir wissen: Alles wird gut! Die Wunde heilt! Auch das ist ein Satz, den man sich immer wieder sagen kann.

Bei der vermeintlichen Nikotinsucht geht die kritische Phase sogar noch viel schneller vorüber als bei einer heilenden Wunde. Nach ein paar Tagen ist jede »Entzugserscheinung« längst überwunden – sofern Sie bei Ihrem Entschluss, Nichtraucher zu sein und auch nicht stattdessen zu vapen, bleiben. Es geht hier um eine winzige Hürde, die Sie leicht überwinden können. Dafür gibt es weitere sehr effektive Tricks, zu denen wir noch ganz ausführlich kommen werden.

Und das Schöne ist: Für das Durchhalten werden Sie reich beschenkt. Denn Erfolg und Anstrengung belohnt unser Körper mit Dopamin! Aber der Verzicht auf Zigaretten oder E-Zigaretten bringt natürlich noch viel mehr positive Dinge mit sich. Eine enorme finanzielle Ersparnis, frischeren Atem, schönere Zähne, rosigere und glattere Haut, weniger Stress, bessere Gesundheit, höhere Lebenserwartung – und so weiter und so fort.

Wenn Sie also in Zukunft an sich ein vermeintliches Entzugssymptom feststellen sollten, holen Sie den Zettel hervor und erinnern Sie sich: Auch das wird vorübergehen!

Übernehmen Sie wieder die Kontrolle über Ihr Leben

Die körperliche Abhängigkeit von Zigaretten – egal ob aus Tabak oder in Form einer E-Zigarette – ist also ein Mythos. Das ist die wichtigste Erkenntnis, die Ihnen den Abschied von der Zigarette oder dem Vapen leichter machen wird. Führen Sie sich das immer wieder bewusst vor Augen. Genauso handelt es sich bei den Annahmen, dass Gewichtszunahme und Stress unausweichliche Folgen des Rauchstopps sind, um Legenden. Wenn Sie sich die Mechanismen dahinter einmal klarmachen, erkennen Sie, warum Sie bisher diesen Legenden aufgesessen sind, und können sich ganz leicht von ihnen verabschieden. In diesem Moment bekommen Sie die volle Kontrolle über Ihr Leben zurück. Es gibt keine Sucht, die Sie fremdbestimmt. Es hat sie nie gegeben. Sie bestimmen, was Sie mit Ihrem Leben tun. Ganz allein.

Jede Zigarette, die Sie je geraucht oder gedampft haben, haben Sie aus Gewohnheiten heraus konsumiert. Ausgenommen sind hier nur Ihre allerersten Zigaretten oder die allerersten Vapes, als Sie noch dabei waren, diese Gewohnheiten zu etablieren.

Ich habe es schon erwähnt, es gibt immer einen Auslöser. Nehmen Sie jetzt bitte noch einmal Ihr Heft und Ihren Stift zur Hand. Nun geht es darum, die Situationen, in denen Sie bisher zur Zigarette oder E-Zigarette gegriffen haben, etwas genauer zu analysieren, denn manchmal ist der Auslöser nicht auf den ersten Blick offensichtlich. Hier ein paar Beispiele, wann sich die meisten Raucher eine Kippe anstecken:

- nach dem Essen,
- zum Kaffee,

- bevor sie ins Auto steigen,
- wenn ihnen langweilig ist,
- wenn es stressig wird,
- wenn das Telefon klingelt,
- etc.

An so einer Übersicht wird sofort deutlich, dass es sich um Gewohnheiten handelt: Es passiert A (wie Auslöser) – das Telefon klingelt, Stress kommt auf etc. –, und das löst B, die Lust auf eine Zigarette, aus, die in Wahrheit die Lust auf etwas ganz anderes ist.

Um Ihre persönlichen Auslöser zu identifizieren, fragen Sie sich also: Was haben Sie in den einzelnen Situationen immer unmittelbar vor dem Rauchen oder Vapen getan? Was danach? Vielleicht haben Sie ja immer dann geraucht oder gedampft, wenn Sie eigentlich gerade etwas in Angriff nehmen wollten – die Ablage für die Steuer, ein unangenehmes Telefonat –, was Sie aber mithilfe der Zigarette oder des Vapens noch einmal ein paar Minuten aufgeschoben haben? Haben Sie sich eine angesteckt, wenn Sie müde wurden? Wenn Ihnen langweilig war? Nach dem Essen? Nach dem Sex? Wenn Sie mit Ihrer Mutter telefoniert haben? Wenn Sie es sich besonders gemütlich machen wollten? Bevor Sie auf Reisen in den Zug eingestiegen sind?

Jeder Raucher und jede Raucherin und auch jeder Mensch, der dampft hat solche individuellen Auslöser. Ich sage es noch mal: Es sind nicht die Giftstoffe, nach denen sich die Raucherin oder Raucher sehnt, es ist nicht das Nikotin. Es ist immer der mit der Zigarette oder dem Vapen verbundene, besondere Moment. Dieses kleine Ritual, eine Oase im Alltag. Denn all diese Momente tragen etwas Positives in sich – dieses Positive hat rein gar nichts mit der Zigarette oder E-Zigarette zu tun, die war nur stets der Vorwand und darum immer anwesend. Das ist aber ungefähr so, als würde man Feuerwehrautos als Ursache für Brände sehen, weil die immer am Brandort auftauchen.

Nein, es ist nicht die Zigarette, die ein Raucher oder eine Raucherin haben möchte, genauso wenig wie sich jemand, der dampft, nach der E-Zigarette an sich sehnt. Es ist eine ein paar Minuten längere Pause. Eine kurze Auszeit von einer unangenehmen Situation. Ein Moment des Alleinseins. Ein Gefühl, sich etwas zu gönnen. Ein Ritual der Gemütlichkeit. Oder auch ein Ritual der Gemeinsamkeit. Und so weiter.

Bitte gehen Sie nun alle Situationen noch einmal durch und notieren Sie zu den schönen Momenten deren Auslöser. Diese Auslöser können Empfindungen sein wie Müdigkeit, Langeweile, Einsamkeit oder Frust. Es kann sich aber auch um gelernte Situationen handeln, wie der Moment nach dem Essen, der scheinbar nach Zigarettenbegleitung schreiende Kaffee, das klingelnde Telefon …

Denken Sie dran: Keinen der schönen Momente, die diesen Auslösern immer folgen, werden Sie verlieren, wenn Sie mit meiner Methode mit dem Rauchen oder Dampfen aufhören. Außerdem werden Sie Lebensfreude, Vitalität und Gesundheit dazugewinnen. Sie werden all diese Momente ganz genauso erleben können – nur ohne die Notwendigkeit einer Zigarette oder E-Zigarette. Ganz ohne Zwang.

Doch einen Augenblick, bitte!

Wir haben noch etwas Wichtiges »vergessen«.

Einen grundlegenden Aspekt des Rauchens und auch des Vapens haben wir bisher noch völlig außer Acht gelassen. Eine ganz besondere Beigabe zur Zigarette, die jeder Raucher mit jeder einzelnen Kippe, mit jedem einzelnen Zug daran zelebriert, ebenso wie alle, die mit Genuss vapen. Ganz unabhängig von der spezifischen Situation und unabhängig vom spezifischen Auslöser. Auch hier handelt sich um etwas, das Sie auf keinen Fall verlieren sollten oder verlieren möchten.

Worum es sich bei diesem mysteriösen Extra handelt? Bitte blättern Sie weiter.

Kapitel 8

Weiter so: Wie Sie das Rauchen oder Vapen loswerden, dabei aber Ihre lieben Gewohnheiten behalten – und warum gerade Sie besonders gut vor psychischer Überlastung geschützt sind

Nun möchte ich, dass Sie noch einmal darüber nachdenken, was Sie eigentlich genau getan haben, wenn Sie sich eine Zigarette angesteckt haben. Gehen Sie die einzelnen Handlungsschritte durch:

- Sie nehmen eine Zigarette aus der Schachtel und stecken sie in den Mund.
- Sie nehmen ein Feuerzeug oder ein Streichholz und zünden sie sich an.
- Dann inhalieren Sie einmal tief, halten vielleicht kurz die Luft an und pusten den Qualm wieder aus.

Bei einer E-Zigarette sind die Schritte natürlich etwas anders, aber auch hier wiederholt sich immer wieder der gleiche Ablauf, an dessen Ende Sie genüsslich inhalieren und den Dampf dann wieder ausströmen lassen. In meinen Nichtraucher-Coachings mache ich an dieser Stelle immer eine kleine

Pantomime. Ich ahme den Raucher oder die Raucherin nach, wie er oder sie an einer imaginären Kippe oder E-Zigarette zieht und stelle dabei die Frage: Was mache ich hier? Oft kommt dann zunächst die Antwort: »Na, du rauchst, was sonst?« Dann schüttele ich den Kopf und sage: »Bitte genau hinschauen: Was mache ich wirklich?« Anschließend fahre ich mit der Pantomime fort. Ziehe die Luft geräuschvoll und tief ein, so dass sich meine Bauchdecke deutlich hebt. Lasse die Luft genussvoll wieder ausströmen, bevor ich erneut ganz tief Atem hole. Zunächst schauen mich die Coachees in der Regel mit jeder Menge unsichtbarer Fragezeichen in den Augen an. Bis dann, früher oder später, bei allen der Groschen fällt mit der Feststellung: »Du atmest!«

Und, ja, das ist die richtige Antwort: Ich atme. Jede Raucherin und jeder Raucher atmet. Und auch alle, die vapen tun das: sie atmen. Das klingt unspektakulär. Ist es im Grunde auch, denn Atmen ist schließlich das Natürlichste der Welt. Das Wichtige dabei ist: Wenn Sie rauchen, atmen Sie nicht »normal«, sondern Sie verändern Ihren Atemrhythmus. Von einer flachen »Alltagsatmung« hin zu einer tiefen Bauchatmung. Bitte machen Sie sich das bewusst. Auf diese Weise nutzen Sie Ihr Lungenvolumen besser. Normalerweise – also ohne Zigarette – würde das zu erhöhter Sauerstoffzufuhr führen. Doch auch wenn dieser Effekt bei Tabakzigaretten durch das Kohlenmonoxid zunichte gemacht wird, so signalisiert die tiefere Atmung unserem Körper und unserem Unterbewusstsein Entspannung. Sie stimulieren mit dieser Atmung nämlich den Vagusnerv, den »Ruhenerv« des Körpers. Er ist es, der für die tiefe Entspannung sorgt und dafür, dass Ängste und wirbelnde Gedanken sich beruhigen – wie in einer Meditation. Genau das ist es, was Ihnen geholfen hat, besser mit Stress umzugehen. Das ist es, was Ihnen ein Gefühl der Ruhe verschafft hat. Dieser Wechsel des Atemrhythmus hat Sie klarer und konzentrierter denken lassen. Er hat Ihnen die nötige Distanz zu Situationen verschafft, wodurch Sie diese besser verarbeiten konnten.

Wer raucht oder dampft, ist Meister der Meditation im Alltag

Halten wir fest: Wenn Sie rauchen, meditieren Sie. Wenn Sie vapen, meditieren Sie. Sie haben das, was Sie in der Atemmeditation von S. 25 bewusst gemacht haben, eigentlich schon immer getan. Im Grunde ist jeder rauchende oder dampfende Mensch sogar ein Meister der Meditation. Was den meditierenden Yogis ihre Mandalas und Mantras sind, ist hier die Zigarette oder E-Zigarette: ein Mittel, in bestimmten Momenten den Atemrhythmus zu vertiefen, sich dadurch in Entspannung zu versetzen und auf den Moment zu fokussieren. Aufs Hier und Jetzt. Jede Meditation beginnt mit der Fokussierung auf den Atem und verändert den Atemrhythmus von einer flachen zu einer tiefen Atmung. Exakt das Gleiche, was Sie tun, wenn Sie sich eine Zigarette anzünden oder an der E-Zigarette ziehen – auch Sie haben ebenfalls diesen ganz lang gezogenen Aaaaaah-Moment! Aus diesem Grund wird das Rauchen auch ganz ohne Nikotinwirkung weiterhin als lohnenswert erlebt und daraufhin wird Dopamin – und infolgedessen dann das Gewohnheiten stabilisierende Delta-FosB-Protein – ausgeschüttet. Nicht wegen des Nikotins, nein, weil wir beim Ziehen an der Zigarette meditieren. Das ist eine Meditation, für die die Zigarette oder der Verdampfer allerdings nicht mehr als ein Accessoire ist.

Sie haben also beim Rauchen oder Vapen Ihren Atemrhythmus effektiv verändert. Nun überlegen Sie sich bitte, wie lange eine Zigarette vorhält. Das hängt natürlich damit zusammen, wie tief die Züge sind und wie groß die Abstände dazwischen, aber im Schnitt kann man davon ausgehen, dass eine Zigarette etwa nach zwei Minuten aufgeraucht ist. Auch Personen, die vapen, dampfen häufig nicht länger als »klassische« Raucherinnen und Raucher, selbst wenn sie es technisch gesehen könnten, ohne den Einsatz im Verdampfer wechseln zu müssen. Zwei Minuten ist auch für sie eine sehr gebräuchliche Dampfpausenlänge. Wenn Sie zwei Minuten lang bewusst tief atmen, sind Sie danach ganz automatisch entspannt.

Insbesondere das klassische Rauchen von Tabak hat allerdings einen sehr großen Nachteil als Entspannungsmethode. Ich hatte es eben schon angedeutet, der Haken ist das Kohlenmonoxid, das ein Raucher mit jedem Zug in seinen Blutkreislauf schickt. Sie erinnern sich: Kohlenmonoxid heftet sich an das zentrale Eisenatom im Hämoglobin, unserem Blutfarbstoff. Eigentlich war aber dieser Platz am Eisenatom für den Sauerstoff reserviert. Normalerweise transportiert das Hämoglobin auf diese Weise Sauerstoff in jede Körperzelle. Doch nun nimmt das Kohlenmonoxid dem Sauerstoff den Platz weg – und der Sauerstoffbedarf des Körpers steigt.

SOS aus dem Unterbewusstsein: Hallo? Ist da jemand? Ich will atmen!

Vielleicht haben Sie sich in Stresssituationen schon mal dabei ertappt, wie Sie auf einmal besonders viel geraucht oder gedampft haben. Dies schien Ihnen plötzlich ein körperliches Bedürfnis zu sein. Aber alles, was Ihr Körper in so einem Moment vermitteln wollte, war: Ich will atmen! Ich brauche Sauerstoff! Man kann sich eine klassische Zigarette in so einem Moment vorstellen wie ein Rohr, das vom Kohlenmonoxid verstopft ist. Wegen des Kohlenmonoxids kommen bis zu 15 Prozent weniger Sauerstoff im Blutkreislauf an. Der Körper misst den Sauerstoff im Blut, kommt zum Ergebnis, dass zu wenig da ist, und schlägt Alarm. Das System, also die Einheit von Körper und Unterbewusstsein, weiß nun aber nicht, dass sich der Raucher das Kohlenmonoxid beim Atmen zuführt. Das Unterbewusstsein gibt darum den Befehl, noch tiefer zu atmen. Also zieht der Raucher noch heftiger an der Zigarette und inhaliert den Rauch noch tiefer in die Lunge. Dadurch gelangt wiederum mehr Kohlenmonoxid ins Blut. Je mehr Kohlenmonoxid in den Blutkreislauf gelangt, umso verzweifelter sendet der Körper sein Atem-SOS – das der Raucher missversteht als Aufforderung, noch mehr zu rauchen. Ein unendlicher Zirkel!

Wenn Sie statt Tabak zu rauchen vapen, haben Sie diesen Kohlenmonoxid-Effekt zwar nicht, da Kohlenmonoxid nur entsteht, wenn etwas bei sehr hohen Temperaturen verbrennt. Der Dampf erreicht diese nicht einmal annähernd. Trotzdem ist auch das Bedürfnis zu vapen im Grunde nichts anderes als das Bedürfnis, tief zu atmen und den Körper mit Sauerstoff – und die Seele mit verschiedenen anderen Beigaben der kleinen Pause – zu versorgen.

Von diesem Moment an wissen Sie: Immer dann, wenn Sie das Gefühl haben, rauchen oder vapen zu müssen, weil Sie sonst nicht entspannen können oder weil Ihnen der Stress über den Kopf zu wachsen droht, geht es nicht um die Zigarette und deren Giftstoffe. Weder um das Nikotin noch um sonst eine der enthaltenen toxischen Substanzen, die auch in E-Zigaretten beim Verdampfen reichlich entstehen. Die Stoffe aus der Zigarette oder E-Zigarette entspannen Sie nicht, im Gegenteil. Ihr System sagt Ihnen vielmehr: Bitte mach doch eine Atempause, denn ich will entspannen! Bitte mach eine Atempause, denn ich brauche Sauerstoff, um klarer zu denken!

Sie sehen: Rauchen oder Dampfen ist nichts anderes als Atmen. Darum sprechen wir ab sofort nur noch vom Atmen und nicht mehr vom Rauchen oder Vapen. Probieren Sie es bitte sofort einmal aus. Sie können wieder den Text lesen und dabei gleichzeitig das im Text Beschriebene ausführen. Also, los geht es:

Bitte atme tief durch die Nase ein
und durch den Mund aus.
Ganz bewusst.
Langsam.
Spüre, wie sich deine Lunge mit Sauerstoff füllt.
Stell dir vor, wie der Sauerstoff in dein Blut übergeht.
Dann lass die Luft wieder durch den Mund ausströmen.
Auch dies langsam und bewusst.
Und noch einmal:
Atme tief durch die Nase ein.
Langsam.
Bewusst.
Und dann atme durch den Mund wieder aus.
Langsam.
Bewusst.
Und noch ein drittes Mal:
Atme ganz tief durch die Nase ein.
Lass den Sauerstoff in dich hineinströmen.
Und atme dann durch den Mund wieder aus.

Erkennen Sie es? Sie haben im Grunde genau das Gleiche getan wie in der Atemmeditation auf S. 25. Sie haben sich, ohne sich dessen bewusst zu sein, regelmäßig in Meditation geübt. Sie können das aus dem Effeff. Und jetzt merken Sie erst einmal, wie viel besser Sie sich die ganze Zeit hätten fühlen können ohne dämpfendes Kohlenmonoxid und ohne all die anderen Gifte. Wie entspannt. Wie wach und klar. Und weil es so schön war, machen wir das Ganze noch einmal: Atmen Sie tief durch die Nase ein und durch den Mund wieder aus. Setzen Sie das zwei, drei Minuten fort. Spüren Sie die Befreiung. Sie werden nie wieder eine Zigarette oder E-Zigarette brauchen, um entspannt zu sein!

Drehen Sie die Serotonin-Dusche auf

Nun wiederholen Sie die Übung bitte noch ein weiteres Mal. Atmen Sie wieder tief ein und aus. Zwei bis drei Minuten lang. Dabei gibt es allerdings eine winzige, aber enorm wichtige Änderung. Dieses Mal halten Sie dabei ein Lächeln. Das hat einen unglaublichen Effekt. Ein Lächeln bewirkt über den Prozess des sogenannten *Facial Feedback*, dass unser Gehirn annimmt, es gebe einen Grund, sich zu freuen. Dieser Effekt ist wissenschaftlich vielfach nachgewiesen worden und funktioniert wie folgt:

Da wir normalerweise in Situationen lächeln, in denen wir uns wohlfühlen oder etwas Schönes geschieht, hat unser Unterbewusstsein all diese Situationen mit der Aktivität des Lächelns zusammen abgespeichert. Falls Sie sich schon einmal mit Hypnose auseinandergesetzt haben, kennen Sie bestimmt den Begriff des Ankers, also eines Signals, das eine bestimmte Empfindung auszulösen in der Lage ist. Das Lächeln ist so ein Anker, das all diese schönen Erinnerungen auf einmal abruft. Weil unser System gelernt hat, dass immer etwas Schönes und Angenehmes mit dem Lächeln einhergeht, löst bereits das bloße Hochziehen der Mundwinkel gute Laune aus. Das Gehirn reagiert auf den Anker Lächeln, indem es die Produktion von Stresshormonen senkt, den Blutdruck verringert und Serotonin ausschüttet. Auch dieser Neurotransmitter wird gerne als »Glückshormon« bezeichnet, weil er unter anderem die Aufmerksamkeit und Stimmung steigert – neben einer ganzen Reihe von weiteren gesunden Nebenwirkungen, so reguliert Serotonin zum Beispiel auch die Funktion des Magen-Darm-Trakts und der Bronchien.

Das müssen Sie sich natürlich nicht alles merken.

Merken Sie sich einfach, dass Lächeln entspannt, Stress wegbläst und glücklich macht. Es verstärkt den Effekt des tiefen Atmens um ein Vielfaches. Und noch etwas ist erwähnenswert: Schon das Lächeln und die tiefe Atmung für sich allein lassen den leicht wach machenden Effekt des Nikotins, von dem anfangs die Rede war, ziemlich blass aussehen. Zusammen sind tiefe Atmung und Lächeln unschlagbar. Das bedeutet also, Sie haben bereits durch diese kleine und denkbar einfache Übung die positive physiologische Wirkung einer gerauchten Zigarette oder einer Vaping-Pause um ein Vielfaches übertroffen – und zwar ganz ohne jedes Gift. Sie sind absolut entspannt. Sie können wunderbar klar denken. Sie sind im Handumdrehen Ihren Stress los. Und Sie haben auch noch gute Laune.

Sie sehen: In puncto Entspannung und Stressbewältigung müssen Sie auch ohne Zigaretten oder Vapes auf nichts verzichten! Dass Sie auf die anderen positiven Effekte ebenfalls nicht verzichten müssen, die mit dem Rauchen einer Zigarette oder dem Vapen einhergehen und mit denen wir uns im vorigen Kapitel beschäftigt haben, zeige ich Ihnen jetzt.

Meine Pause gehört mir: Machen Sie unbedingt weiter wie bisher!

Viele meiner Klienten, die zu mir kommen, um endlich mit dem Rauchen oder Vapen aufzuhören, treibt eine große Sorge um. Sie fragen: »Wenn ich aufhöre, kann ich dann keine Pause mehr machen?« Oder sie sagen: »Wenn ich aufhöre zu rauchen oder zu vapen, dann bin ich nicht mehr unter Leuten. Die besten Gespräche führt man doch in der Raucherecke.« Sie befürchten, nicht mehr gesellig sein zu können und zum Außenseiter zu werden. Oder sie haben eher eine diffuse Angst: »Wenn ich aufhöre zu rauchen, dann fehlt es mir an Lebensqualität.« An diesen Aussagen sieht man wieder sehr deutlich: Es geht den Rauchern gar nicht darum, dem giftigen Stängel namens Zigarette zu frönen, genauso wenig wie die Freundinnen und Freunde des Vapens das Dampfen an sich gut finden. Sie sehnen sich nach den Begleiterscheinungen.

Darum möchte ich, dass Sie sich merken: Bitte ändern Sie absolut nichts! Machen Sie weiter Ihre Pausen! Jedes Mal, wenn Sie das Gefühl haben, Sie hätten in diesem Moment eine geraucht oder gedampft: Unterbrechen Sie Ihre Arbeit oder was Sie auch gerade tun. Trinken Sie Ihr Glas Wasser, wie Sie sich das inzwischen angewöhnt haben. Und dann gehen Sie raus – ohne Zigarette oder E-Zigarette. Wenn Sie bisher immer morgens zur ersten Tasse Kaffee eine Zigarette geraucht oder gedampft haben – machen Sie sich den Kaffee und atmen und lächeln Sie! Wenn Sie im Büro am Computer sitzen und plötzlich müde werden, was Sie bisher veranlasst hat aufzustehen, rauszugehen und eine zu rauchen: Stehen Sie auf, gehen Sie raus und atmen Sie! Wenn Ihre Freunde in der Raucherecke stehen, dann holen Sie sich einen Kaffee oder einen Tee und gehen Sie zu ihnen. Unterhalten Sie sich wie immer. Sie müssen nicht auf die Menschen verzichten, nur weil Sie jetzt nicht mehr rauchen oder dampfen. Sie brauchen nicht die Zigarette oder Ihr Vaping-Gerät als Legitimation, um ein Schwätzchen zu halten. Wenn Sie Stress haben: Trennen Sie sich von der Quelle des Stresses. Machen Sie es genau wie zuvor und gehen Sie vor die Tür. Und dort atmen Sie tief – und lächeln dabei. Wenn Sie bisher 40 Zigaretten am Tag geraucht haben, dann gibt es auch etwa 40 Momente an einem gewöhnlichen Tag, in denen Sie nun bewusst atmen. Waren es 20 Zigaretten, sind es 20.

Ich kann gar nicht genug betonen, wie wichtig es ist, dass Sie diese Gewohnheiten beibehalten. Nur die Zigaretten oder das Vapen lassen Sie weg. Sie werden bald merken, dass das bei Ihren kleinen Ritualen eine völlige Nebensache war. Nicht mehr als ein Vorwand, um etwas anderes zu bekommen. Wenn Sie sich komisch dabei vorkommen, einfach so nach draußen zu gehen, ohne etwas in der Hand oder »zu tun« zu haben: Nehmen Sie Ihr Glas Wasser mit. Trinken Sie es beim Atmen in kleinen Schlucken. Das macht Sie noch zusätzlich wach, unterstützt Ihr Immunsystem und spült Giftstoffe aus dem Körper. Sie werden sehen, dass Sie sich bald genauso an Ihr erfrischendes Glas Wasser gewöhnt haben wie zuvor an die Zigarette oder das Dampfen. Sie werden es nicht mehr missen mögen. Ein doppeltes Plus für Ihre Gesundheit.

Ihre besondere Antenne zum Unterbewusstsein

So merkwürdig es klingen mag, aber Sie haben sich in Ihrem Dasein als rauchende oder vapende Person etwas ganz Wunderbares geschaffen: Sie haben eine Antenne in sich entstehen lassen, die in direkter Verbindung mit Ihrem Unterbewusstsein steht. Diese Antenne gibt gut auf Ihre Bedürfnisse acht. Die Antenne schlägt Alarm, wenn Sie zu viel Stress haben. Sie sendet ein deutliches Signal, wenn Sie müde werden und dringend eine Pause brauchen. Sie macht sich bemerkbar, wenn Sie in Ihrem Büro zu versumpfen drohen und einfach mal Gesellschaft brauchen. Sie ruft Sie auf, sich aktiv zu entspannen, wenn Ihnen auf einer Reise vor lauter neuen Eindrücken der Kopf schwirrt. Sie funkt, wenn Sie über etwas Wichtiges konzentriert nachdenken müssen. Sie erinnert Sie daran, dass es Zeit ist, sich zu belohnen, wenn Sie eine schwierige Aufgabe gelöst haben. Oder sie mahnt Sie, noch einmal frische Luft zu tanken, bevor Sie für Stunden im Zug, Auto oder Flugzeug sitzen müssen.

Diese Antenne ist etwas ungemein Wertvolles. Etwas, auf das Sie aufpassen sollten. Sie ist ein Werkzeug, das Sie vor Burn-outs, vor Vereinsamung und vor Stress schützt. Pflegen Sie diese Antenne. Polieren Sie sie. Das Schöne ist: Ist sie einmal da, funktioniert die Antenne auch ohne Zigaretten oder das Vapen hervorragend – wenn man ihre Wartung nicht vergisst. Darum: Folgen Sie ihren Signalen. Ersetzen Sie lediglich die Zigarette oder die E-Zigarette durchs Atmen. Machen Sie Pausen und atmen Sie. Seien Sie in diesen Pausen gesellig, atmen Sie auch dort bewusst. Es geht einzig und allein ums Atmen. Das Atmen ist das, was die Zigarette und das Dampfen so angenehm gemacht hat – ohne dass sie dafür notwendig gewesen wäre. Darum ist es nichts als die Wahrheit, wenn wir statt vom Rauchen oder Vapen nur noch vom Atmen sprechen.

Jedes Mal, wenn Ihr Körper und Ihr Unterbewusstsein nun sagen: Stopp, ich will atmen! Dann tun Sie das einfach. Atmen Sie. Aber richtig. Ohne Giftstoffe.

Wiederholen Sie jetzt noch einmal die Übung von vorhin. Sie können auch die Visualisierung aus der Atemmeditation hinzufügen, wenn Sie möchten. Atmen Sie positive Energie ein, spüren Sie das Zirkulieren dieser Energie im Körper. Gönnen Sie sich auf jeden Fall zwei Minuten – Sie wissen ja, durch Wiederholung lernen Sie:

Atme tief durch die Nase ein
und durch den Mund aus.
Ziehe dabei die Mundwinkel hoch zu einem Lächeln.
Spüre, wie sich deine Lunge mit Sauerstoff füllt.
Lächle weiter.
Stell dir vor, wie der Sauerstoff in dein Blut übergeht.
Dann lass die Luft wieder durch den Mund ausströmen.
Lächle dabei.
Und noch einmal:
Atme tief durch die Nase ein.
Lächle bewusst.
Und dann langsam durch den Mund wieder aus.
Lächle.
Und noch ein drittes Mal.

Spüren Sie, wie sich der Sauerstoff im ganzen Körper verbreitet, und genießen Sie den Moment der Erkenntnis: Es geht beim Rauchen immer nur ums Atmen. Es ging nie um etwas anderes. Sie sind ein Meister der Meditation. Sie haben jahrelang das Meditieren geübt. Hätte ich Ihnen vor einem Jahr gesagt, dass Sie ein Meister des Yoga Vidya sind – so heißt der Zweig des Yoga, in dem es um Atemübungen geht –, hätten Sie mir nicht geglaubt. Aber jetzt wissen Sie, dass Sie immer Ihren Atemrhythmus geändert haben, wenn Ihr Körper Ihnen signalisiert hat, dass er Entspannung braucht. Das behalten Sie bei! Aber ab sofort brauchen Sie nie wieder eine Zigarette jeglicher Form dazu. Das, was Sie entspannt, ist der Sauerstoff, und ab sofort gönnen Sie sich die volle Dosis dieser Lebensenergie. Nicht mehr nur die halbe. Also noch einmal: Stellen Sie sich dieses Mal einen Timer auf zwei Minuten. Atmen Sie tief durch die Nase ein und durch den Mund aus. Lächeln Sie und halten Sie das Lächeln. Lesen Sie dabei immer wieder die folgenden Sätze – so lange, bis die Uhr abläuft:

Ich atme Sauerstoff!
Ich atme Lebensenergie!
Ich atme tief ein
und entspannt wieder aus.
Ich bin Nichtraucher!

Na, wie fühlen Sie sich? Es fühlt sich toll an, tief zu atmen und den Körper mit Sauerstoff und Serotonin zu fluten, nicht wahr? Jedes Mal, wenn Ihr Unterbewusstsein in Zukunft zu Ihnen sagt: »Hallo, Chef, ich will atmen!«, dann tun Sie das, atmen Sie. Morgens zum Kaffee. Abends zum Bier. Tagsüber in der Pause. Sie gewinnen auf diese Weise enorm viel Lebensqualität dazu. Sie müssen auf nichts verzichten. Sie können einfach weitermachen wie bisher – nur ohne die Giftstoffe.

Damit das für Sie noch einfacher wird, gebe ich Ihnen in den folgenden Kapiteln ein wunderbares Werkzeug an die Hand: die Selbsthypnose.

Kapitel 9

Genial einfach: Warum Sie sich bereits beim Lesen dieses Buchs in einem hypnotischen Zustand befinden, und wie eine erprobte Schauspielmethode Sie in die Person verwandeln kann, die Sie gerne sein möchten

Was ist Hypnose? Diese Frage wird mir, wie Sie sich denken können, oft gestellt. In Interviews. Von Klienten und Klientinnen. Von den Menschen in meinen Seminaren. Von Besucherinnen und Besuchern meiner Shows. Wenn ich in einem einzigen Satz formulieren soll, was Hypnose eigentlich ist, dann antworte ich:

Hypnose ist die Fokussierung auf eine Sache in einem sehr entspannten Zustand.

Dr. James Braid, ein schottischer Chirurg im 19. Jahrhundert und einer der Pioniere der Hypnosetherapie, hätte es wohl auch so oder ähnlich formuliert. Braid war einer der Ersten, die Hypnose erfolgreich bei Operationen als Betäubung einsetzten. Zu einer Zeit, in der es noch kaum Schmerzmittel gab, war das ein unglaublicher Segen für die Patienten. Zunächst verwendete Braid selbst den Begriff »Hypnose«, der sich vom altgriechischen Wort für Schlaf, *hypnos*, herleitet. Diesen Begriff hatte der französische Schriftsteller Étienne Félix d'Hénin de Cuvillers geprägt, und mit Braids Hilfe verbreitete sich die Bezeichnung Mitte des 19. Jahrhunderts in England. Später benutzte Braid allerdings lieber den Terminus »Monoideism«. Der erschien ihm für den Prozess der Hypnose passender: »Mono« ist das griechische Wort für »einzig«, und »ide« bezieht sich natürlich auf »Idee«. Mit anderen Worten: Es geht in der Hypnose um eine Idee, auf die man sich mit allen Sinnen konzentriert. Man könnte auch sagen: Hypnose ist eine Meditation, zu der eine Idee hinzugefügt wird.

Braid wird oft als Vater der Hypnosetherapie bezeichnet, denn seine Auffassung von Hypnose entsprach bereits im Großen und Ganzen unserem heutigen Hypnosebegriff. Das war beim »Mesmerismus« oder auch »Magnetismus«, auf dem Braids Hypnosearbeit zunächst aufbaute, noch etwas anders. Der deutsche Arzt Franz Anton Mesmer hatte in Wien und später in Paris zum Ende des 18. Jahrhunderts Erfolge mit einer nach ihm benannten Methode gefeiert, dem »Mesmerismus«. Seine Behandlungen hatten noch nicht viel mit einer heutigen Hypnosetherapie gemein, sondern glichen eher spiritistischen Sitzungen. Dabei wurde allerlei Magisches veranstaltet: ein Mix aus Handauflegen, Handstreichungen und der Behandlung mit »magnetisiertem Wasser«. Mesmer hatte eine Theorie entwickelt, nach der bei Krankheit die Lebensenergie, die er *fluidum* nannte, aus dem Gleichgewicht geraten war. All seine abenteuerlichen Maßnahmen sollten helfen, diese Energie wieder auszubalancieren. Aus heutiger Sicht kann man davon ausgehen, dass der Erfolg seiner Methode nicht auf einem mysteriösen Magnetismus beruhte, sondern darauf, dass sich die Patienten zunächst in der magischen Atmosphäre besonders gut entspannten. Anschließend stellten sie sich plastisch und fokussiert vor, wie die unterschiedlichen Behandlungen die Krankheit aus ihrem Körper vertrieben – sie entwickelten also eine hypnotisch wirksame bildliche Vorstellung. Genau wie in der modernen Hypnosetherapie.

Mesmer war dieser tatsächliche Wirkmechanismus nicht bewusst. Als Benjamin Franklin, damals als Diplomat in Paris tätig, den Magnetismus als Humbug abtat und Mesmer vorwarf, die Patienten sprächen nur auf die Annahme an, dass es diesen Magnetismus gäbe, war Mesmer zutiefst empört.

Die tägliche Verwandlung – Hypnose ist alltäglicher, als man glaubt

Eins haben alle hypnotischen Zustände gemein: Der Körper ist unter Hypnose total entspannt, der Geist hellwach. Um diesen Zustand zu erreichen, braucht man keinen Hypnotiseur. Ein hypnotischer Zustand entsteht immer dann, wenn Sie sich entspannen und dann Ihren Geist mit einer Vorstellung füttern. Nehmen wir das Lesen: Wenn Sie einen spannenden Roman lesen, dabei voll in der Geschichte auf- und mitgehen und alles um sich herum vergessen, sind Sie in diesem Moment tatsächlich hypnotisiert. Aber auch beim Lesen eines Sachbuchs, das lebendig und anschaulich geschrieben ist, erleben Sie hypnotische Zustände. Wichtig ist, dass Sie sich die darin vermittelten Dinge plastisch vorstellen können. Alle Bücher, die unsere Vorstellungskraft stimulieren, sind hypnotische Bücher. Sie haben einen nachhaltigen Effekt, denn der Erbauer unserer Realität ist unsere Fantasie. Was wir uns vorstellen können, das wird zu unserer Wirklichkeit.

Das bedeutet natürlich nicht, dass Sie sich dauerhaft in das Mädchen Alice verwandeln, weil Sie gerade *Alice im Wunderland* lesen und sich alles wunderbar ausmalen können. Beim Roman wird die Handlung in uns lebendig, *während* wir ihn lesen. Das bedeutet, in diesem Augenblick wird unsere »normale« Alltagsrealität vorübergehend durch die Welt ersetzt, die wir lesend erleben. Wenn wir das Buch zuklappen, sitzen wir dann natürlich doch wieder auf dem Sofa bei uns zu Hause – das ist vergleichbar mit dem Moment, in dem man in einer Hypnosesitzung aus der Hypnose aufwacht.

Allerdings verändert auch jeder gute Roman die Realität ein klein wenig, weil er die Sicht auf die Dinge ganz subtil verschiebt. An Kindern ist das besonders gut zu beobachten. Ein Kind, das *Alice im Wunderland* gelesen hat, wird plötzlich überall nach magischen Begegnungen Ausschau halten. Nach sprechenden Katzen, tanzenden Spielkarten, nach Zauberelixieren, die es schrumpfen lassen oder zum Riesen werden lassen kann. Kinder haben noch nicht gelernt, so etwas als »Unsinn« oder »unmöglich« abzutun – und darum erleben sie die Welt tatsächlich als magischer, als Erwachsene das tun. Aber auch wenn Sie als fantasiebegabter Erwachsener eine fantastische Geschichte lesen, wird der magische Zauber eines solchen Buchs sich noch eine Weile wie Glitzerstaub über die Alltagswirklichkeit legen – und diese damit verändern. Vielleicht als ein zauberhaftes Gefühl, das einem noch einige Stunden nach dem Lesen nachhängt.

Sachbücher wirken da ein wenig anders. Wenn diese Bücher uns neue Gedanken präsentieren, die wir noch nie gedacht haben, öffnen sie damit eine neue Möglichkeit für unsere Lebenswirklichkeit. Wenn Sie zum Beispiel zum allerersten Mal den Gedanken nachvollziehen »Beim Rauchen oder Vapen geht es eigentlich um das Atmen«, und Sie merken, wie diese Möglichkeit in Ihnen etwas zum Klingen bringt, dann ist das ein zutiefst hypnotischer, voll fokussierter Moment. In diesem Augenblick ist da nur dieser neue, spannende Gedanke in Ihrem Kopf.

Machen Sie mit – so langsam, wie Sie möchten

Darum gilt: Bereits bevor wir zu den Übungen kommen, mit denen Sie sich in Trance versetzen wie in einer »echten« Hypnosesitzung – wobei Sie bestimmte, neue Botschaften in Ihrem Unterbewusstsein verankern –, befinden Sie sich beim Lesen dieses Buchs vielleicht nicht konstant, aber doch immer wieder in einem hypnotischen Zustand.

Dieses Buch »wirkt« – wie alle Bücher – dann am besten, wenn Sie es an einem ruhigen, ablenkungsfreien Ort lesen. Wenn Sie es also nicht nur zack, zack auf dem Weg zur Arbeit in der U-Bahn überfliegen, sondern jeden Satz wirken lassen, jeden Gedanken mitdenken, jede Übung mitmachen. Wenn Sie dabei nur langsam vorankommen, macht das gar nichts, ganz im Gegenteil. Ich bin ein großer Fan der Langsamkeit und der kleinen Schritte. Ich bin auch ein Fan der Wiederholung, denn wenn wir etwas wiederholen, lernen wir.

Wer zu schnell unterwegs ist, der kommt nicht unbedingt schneller ans Ziel. Wer nur querliest und dabei einen wichtigen Hinweis oder eine wichtige Passage übersieht, dem kann es wie einem übereiligen Radfahrer gehen, der ein »Achtung: Bodenwellen«-Schild verpasst, ins Straucheln gerät und dann im Graben landet. Im Graben landen, das würde in Ihrem Fall bedeuten, dass es Ihnen nicht gelingt, Ihr Vorhaben, in Zukunft Nichtraucher zu sein, in die Tat umzusetzen. Das wäre ziemlich blöd, finden Sie nicht auch?

Aus diesem Grund merken Sie sich bitte einen Satz, den ich allen meinen Coachees und den Menschen in meinen Seminaren immer ans Herz lege. Der Satz lautet:

Das Kind lernt laufen!

Wenn Sie Kinder haben, wissen Sie, wie sich ein Kind verhält, das zum ersten Mal auf seinen Beinen steht. Das Lächeln geht von einem Ohr zum anderen, die Arme sind ausgebreitet, als wollten sie die ganze Welt umarmen. Das Kind wackelt dann ein bisschen hin und her und versucht, den ersten Schritt zu tun, und – plumps – sitzt es auch schon wieder auf dem Windelpo. Und was tun wir Erwachsenen? Wir ermutigen es, es noch einmal zu versuchen. Wir spornen es an, wieder aufzustehen und weiterzumachen. Die Sache zu wiederholen. Denn wir wissen, dass es in diesem Kind steckt, laufen zu lernen. Wir wissen, es muss nur dranbleiben, dann geht das schon. Niemand käme auf die Idee, dem Kind einzureden, dass es am besten da auf seinem Hosenboden sitzen bleibt, weil es diese komplizierte Lauferei eh nie meistern wird. Nein, wir breiten unsere Arme aus. Wir haben Geduld. Wir wissen schließlich, Laufen ist ganz einfach, wenn man erst den Bogen raushat.

Aber nun denken Sie einmal daran, wie Sie dagegen oft mit sich selbst reden. Wie oft führen wir einen inneren Dialog mit uns selbst, als seien wir unfähig, etwas Neues zu schaffen. Wie oft entmutigen wir uns, wenn etwas nicht auf Anhieb klappt: »Das schaffst du eh nicht, lass es lieber gleich sein.« Dabei sind wir es wert, ermutigt zu werden. Wir sind es wert, dass man Geduld mit uns hat. Dass man uns Raum gibt, etwas Neues zu lernen, ganz in Ruhe. Genau wie ein Kind, das gerade angefangen hat zu gehen. Oder sich die Schnürsenkel zu binden.

Vielleicht erinnern Sie sich noch daran, wie schwer das anfangs war, das Zubinden der Schuhe? Und nun? Denken Sie gar nicht mehr drüber nach. Erinnern Sie sich, wie es war, als Sie ein Instrument gelernt haben. Ihre erste Fahrstunde hatten. Mit einer Sportart angefangen haben. All diese Anfänge haben gemeinsam, dass wir uns fragen, ob wir das wohl je lernen werden. Doch dann passiert etwas Magisches. Wenn wir nur dabeibleiben, platzt irgendwann, nach gar nicht so langer Zeit, ein Knoten – und alles fließt.

Darum möchte ich Sie bitten: Reden Sie mit sich selbst wie mit einem Kind, das gerade laufen lernt. Unterstützen Sie sich. Motivieren Sie sich bei jedem kleinen Schritt, den Sie tun. Haben Sie Geduld. Stehen Sie wieder auf, wenn Sie sich mal auf den Hosenboden setzen. Dann erreichen Sie das, was Sie erreichen möchten, früher oder später, aber ganz automatisch!

Öffnen Sie eine Tür für neue Möglichkeiten

Ein besonders wichtiger Hinweis, den Sie auf keinen Fall verpassen sollten, ist zum Beispiel der folgende: Vertrauen Sie absolut auf das, was Sie sich vorgenommen haben. Es ist ganz leicht, nicht mehr zu rauchen oder zu dampfen und dann auch dauerhaft dabei zu bleiben, wenn Sie dieses Programm Schritt für Schritt mitgehen. Sie haben das Potenzial, dauerhaft glücklich zu sein, jemand, dem die Zigaretten oder Vapes kein Stück fehlen. Auch wenn es Ihnen vielleicht immer noch ein bisschen schwerfällt, das zu glauben, ist es wichtig, dass Sie sich öffnen. Dass Sie in Ihrem Herzen und in Ihrem Kopf Platz machen für die Möglichkeit, dass ich mit meiner Behauptung recht habe.

Damit meine ich nicht, dass Sie sich mit verschränkten

Armen zurücklehnen und sagen: »Na, ich bin mal gespannt, ob das funktioniert, was der Becker da behauptet.« Damit öffnen Sie sich nicht, sondern machen zu. Statt aktiv zu werden begeben Sie sich in die Passivität. Aber Sie müssen schon selbst aktiv sein, ich kann das nicht für Sie übernehmen. Und wenn Sie denken: »Na, da will ich den Becker mal testen«, dann bekommt Ihr Unterbewusstsein die Anweisung, den Becker zu testen – und nicht die eigentlich angestrebte Anweisung, Nichtraucher zu sein. Es ist wichtig, dass Sie sich den Unterschied klarmachen. Vertrauen Sie sich einfach, dass Sie diesen neuen Weg gehen. Schritt für Schritt. Sagen Sie sich immer wieder: »Ich rauche nicht. Ich bin Nichtraucher.« Dann hat Ihr System, Ihre Einheit aus Körper und Geist, auf Dauer nur eine Chance: Es muss das Gesagte in die Realität umsetzen. Denken Sie an die Macht der Wiederholung.

Möglicherweise fällt es Ihnen immer noch schwer, sich selbst einen Satz wie »Ich bin Nichtraucher« oder »Ich vape nicht« abzunehmen, auch wenn Sie jetzt vielleicht schon ein paar Tage keine Zigarette mehr angerührt haben oder das Vaping-Gerät ungenutzt in der Ecke liegt. Schließlich war Ihr Selbstbild vielleicht jahrelang jenes, dass Sie rauchen oder vapen, das prägt sich ein.

In diesem Fall gibt es – neben der cleveren Formulierung nach Coué von S. 51 – zum Glück einen ganz einfachen Trick: Tun Sie so, als ob.

Tun Sie so, als ob

Vielleicht klingt »So tun, als ob« in Ihren Ohren nach Selbstbetrug – das ist es aber nicht: Jedes Säugetier zeigt spielerisches Verhalten, und das ist nichts anderes als »So tun, als ob«. Und »So tun, als ob« ist wiederum nichts anderes als zu lernen. Wenn Löwenkinder miteinander kämpfen, dann beißen sie zwar, aber sie tun sich niemals wirklich weh. Es entstehen vielleicht ein paar Kratzer, aber niemals Wunden. Trotzdem trainieren sie bei diesem Spiel den echten Kampf. Auch unsere Kinder spielen und tun ständig so, als ob. Das bereitet sie auf das Erwachsensein vor. Und auch, wenn wir als Erwachsene etwas lernen, tun wir immer erst so, als ob. Wer eine neue Sportart lernt, muss von Anfang an ran und die neuen Bewegungsabläufe ausprobieren. Man tut so, als ob. So lernt man – und irgendwann ist aus dem »So tun, als ob« die Realität geworden. Aus der Tennisanfängerin, die anfangs keinen Ball traf, ist mit »So tun, als ob« eine Tennisspielerin geworden. So wird auch aus dem Nichtraucher, der sich noch nicht richtig traut, ein Nichtraucher, der durch und durch spürt, dass er Nichtraucher ist.

Stellen Sie sich einfach vor, Sie seien ein Schauspieler oder Schauspielerin und sollten eine Person spielen, die nicht raucht und auch noch nie geraucht hat. Apropos: Auch viele Schauspielerinnen und Schauspieler bedienen sich bei ihrer Vorbereitung auf bestimmte Rollen der »So tun, als ob«-Methode, besser bekannt als *Method Acting* oder Lee-Strasberg-Methode. Bei dieser Methode werden sie dazu angeleitet, sich möglichst umfassend in die angestrebte Rolle hineinzuversetzen. Das soll ein besonders authentisches Spiel ermöglichen, das eigentlich gar keines mehr ist, sondern eher ein Leben der Rolle. Fragen wie »Was würde die Figur, die ich verkörpere, in dieser Situation tun?« sind dabei ganz zentral. Solche Fragestellungen zwingen nämlich die Vorstellungskraft dazu, wirklich die Perspektive zu wechseln. Doch die Strasberg-Methode geht noch weiter. Zusätzlich werden Entspannungstechniken eingesetzt. Dadurch wird bereits das Nachdenken über die Fragen zur hypnotisch wirksamen Übung. Das Proben tut dann ein Übriges dazu, die neuen Verhaltensweisen zu etablieren, und so verwandelt sich der Schauspieler oder die Schauspielerin tatsächlich weitgehend in die Figur, die er spielt.

Es ist bekannt, dass viele nach dieser Methode arbeitende Schauspielerinnen und Schauspieler Probleme haben, wieder in ihr »normales« Alltags-Ich zurückzufinden, wenn der Bühnenvorhang für den Tag gefallen ist. Da gibt es dann schon mal Probleme mit Familienangehörigen, weil die das Gefühl haben, dass da ein fremder Mensch nach Hause kommt. Auch fällt es vielen nach vielwöchigen Dreharbeiten, in denen sie ganz in ihre Rolle eingetaucht sind, schwer, ihre eigentlich nur als vorübergehend gedachte zweite Identität wieder abzulegen. Ganz ist das auch nicht möglich. Ein solch vollständiges Aufgehen in einer Vorstellung über längere Zeit hinweg ist für unser System nichts anderes als die Realität. Das hinterlässt Spuren im Gehirn: als neue Gewohnheiten, vielleicht auch neue Ansichten – die nichts anderes als gedankliche Gewohnheiten sind.

Genau darum ist es auch so effektiv, so zu tun, als hätten Sie schon lange dem Rauchen oder Vapen abgeschworen. Sie müssen dabei keine Angst haben, dass Sie Ihre Identität verlieren, denn hier geht es ja nur um einen einzigen Aspekt: Ihre Gewohnheit, zu rauchen oder zu vapen. Alles andere an Ihrer Persönlichkeit bleibt vollkommen unberührt.

WAS WÜRDE … TUN?
Ein kleiner Tipp, falls Sie Probleme damit haben, sich spontan vorzustellen, was genau ein Nichtraucher in bestimmten Situationen tun würde: Suchen Sie sich ein Vorbild! Am besten jemanden, den Sie gut kennen, den Sie mögen und der oder die natürlich nicht raucht oder dampft. Jemand, dem Sie schon in vielen verschiedenen Situationen begegnet sind. Mit so einer konkreten Person vor Augen fällt es oft viel leichter, echte Nichtraucherverhaltensweisen zu erkennen und zu etablieren.

Unsere Realität formt sich nach unseren Erwartungen

Tun Sie also so, als ob. Vertrauen Sie sich. Glauben Sie an sich und, vor allem: Erwarten Sie, dass das, wozu Sie sich entschieden haben, eintritt. Erwarten Sie, dass Sie jetzt Nichtraucher sind. Denn unsere Erwartung ist der Filter, mit dem wir auf die Welt schauen. Wir nehmen nämlich nicht »die Welt« als solche wahr – es würde unser Gehirn vollkommen überfordern, alle möglichen Eindrücke gleichzeitig aufzunehmen. Stattdessen wird vorsortiert. Das übernimmt unser Unterbewusstsein für uns, und der Plan, nach dem es vorgeht, sind unsere Erwartungen. Denn die, davon geht unser Unterbewusstsein aus, sind relevant. Also nehmen wir vorwiegend wahr, was zu unserer Erwartung passt, alles andere wird mehr oder weniger herausgefiltert. Man nennt diesen automatischen psychologischen Prozess »selektive Wahrnehmung«. Ich hatte Ihnen das schon mit einer kleinen Übung verdeutlicht: Wer nur intensiv eine Weile das Wörtchen »rot«

denkt, wird danach vor allem Rotes wahrnehmen. Natürlich sieht man am Rande des Blickfelds auch noch mehr Dinge, aber die stehen eben gerade nicht im Fokus. So lange, bis wir den Fokus wieder ändern. Auf diese Weise behalten sowohl optimistische als auch pessimistische meistens recht: Für den einen ist das Glas halb voll, für den anderen halb leer.

Wenn wir also nur noch das erwarten, was uns guttut, können wir unsere Realität selbst erschaffen. Das hat nichts mit Esoterik zu tun, sondern allein mit Psychologie. Und wenn wir bewusst dafür sorgen, dass all unsere Erwartungen bestätigt werden, und sei es noch so subtil, können wir auf diese Weise das Vertrauen in unsere Vorstellungskraft stärken. Das heißt: Wenn wir uns vorgenommen haben, von jetzt ab Nichtraucherin oder Nichtraucher zu sein und auch nicht zu vapen, und uns im Weiteren selbst dabei beobachten können, dass wir uns tatsächlich so verhalten, gibt das enormes Selbstvertrauen. Guck mal, ich kann das ja!, denken wir dann. So entfaltet sich eine ganz neue Realität vor unseren Augen. Selbst unser Körper folgt unserer Vorstellung. Unmittelbar.

Glauben Sie nicht? Dann lesen Sie weiter.

Kapitel 10

Magische Momente: Wie Sie die Macht des Geistes über den Körper sofort sichtbar machen, und wie Sie sich mit einem Ritual unmittelbar von allen negativen Seiten des Rauchens oder Vapen befreien

Ich zeige Ihnen nun mit einer magischen hypnotischen Übung, wie schnell und erstaunlich leicht es funktioniert, eine bloße Vorstellung Wirklichkeit werden zu lassen. Alles, was Sie tun müssen, ist, sich voll und ganz darauf einzulassen. Je mehr Fantasie Sie haben, je mehr Vorstellungskraft, umso einfacher ist dieses Experiment. Aber keine Sorge, es klappt auch, wenn Sie sich als eher nüchternen Typen einschätzen. Je öfter Sie üben, umso deutlicher wird der Effekt sein, den Sie sehen.

DER WACHSENDE FINGER

Strecken Sie zunächst Ihre Hände nach vorn und wenden Sie die Handflächen zur Decke. Schauen Sie auf das Innere Ihrer Handgelenke: Dort sehen Sie einige vertikale Linien. Bringen Sie nun die oberen dieser

Linien präzise zusammen. Das heißt, Sie legen die rechte obere Linie genau auf die linke obere Linie. Anschließend bringen Sie auch Ihre Handflächen zusammen. Die Linien selbst haben keine tiefere Bedeutung, wir benutzen sie nur, um exakt die gleiche Handhaltung noch einmal reproduzieren zu können.

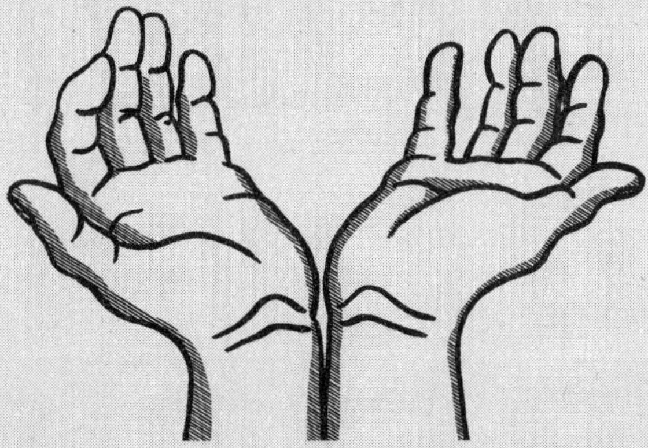

Nun schauen Sie Ihre wie zum Gebet gefalteten Hände bitte einmal von der Seite an. Es sind Ihre beiden Mittelfinger, um die es hier geht. Einer der Mittelfinger ist bei den allermeisten Menschen kürzer als der gegenüberliegende. Um diesen Finger geht es in unserer Übung. Falls beide Mittelfinger gleich lang sind, suchen Sie sich einen aus, auf den Sie sich konzentrieren möchten. Jetzt dürfen Sie Ihre Hände wieder voneinander lösen. Die Hand mit dem kürzeren Mittelfinger legen Sie ganz locker vor sich auf den Tisch.

Nun betrachten Sie die Fingerspitze des Mittelfingers. Ihre ganze Aufmerksamkeit liegt auf dieser Fingerspitze. Spüren Sie den Tisch unter Ihrer Fingerspitze. Die Luft um die Fingerspitze herum. Ihr ganzer Fokus, Ihre volle Gedankenkraft, ruht auf dieser Fingerspitze. Nur auf diesem einen Punkt Ihres Körpers. Das ist wichtig. Nun stellen Sie sich vor, wie Ihre Fingerspitze immer länger wird. Immer länger und länger. Länger und länger. Spüren Sie in Ihre Fingerspitze hinein, fühlen Sie, wie der Finger sich streckt.

Dann legen Sie Ihre Handflächen wieder an den Linien der Handgelenke aufeinander. Genauso, wie Sie es zuvor getan haben. Schauen Sie bitte erneut von der Seite auf Ihre Hände. Auf Ihre beiden Mittelfinger.

Sehen Sie es? Genau, der zuvor kürzere Mittelfinger ist nun mindestens so lang wie der andere Finger, wahrscheinlich aber sogar deutlich länger. Doch die Übung ist noch nicht zu Ende. Lassen Sie Ihre Hände so gefaltet und lesen Sie bitte sofort das folgende Skript. Vielleicht hilft es Ihnen, wenn Sie sich dabei vorstellen, wie ich als Ihr Nichtrauchercoach neben Ihnen stehe und Ihnen den Text ins Ohr – und direkt ins Unterbewusstsein – flüstere:

Du bist stark, voller Kraft, glücklich und reich.

Immer wenn du von nun an sagst:

»Ich rauche nicht!« oder »Ich vape nicht!«,

spürst du diese Stärke, diese Kraft, dieses Selbstvertrauen.

Von diesem Moment an spürst du, jedes Mal wenn

du sagst: »Ich rauche nicht!«, wie dich ein unbändiges Selbstvertrauen durchströmt. Du spürst, wie du gewachsen bist. Du spürst ein Wohlgefühl.

Du spürst unbändige Freude.

Es ist ganz einfach, die Zigarette oder E-Zigarette liegen zu lassen.

Von diesem Moment an spürst du, immer wenn du sagst:

»Ich rauche nicht!« oder »Ich vape nicht!«,

dass du gewachsen bist.

Du bist stark, voller Kraft, glücklich und reich.

Immer wenn du von nun an sagst: »Ich rauche nicht!« oder »Ich vape nicht!«,

spürst du diese Stärke, diese Kraft, dieses Selbstvertrauen.

Du bist stark, voller Kraft, glücklich und reich.

Jetzt lösen Sie die Handflächen und legen Sie die Hand noch einmal auf den Tisch. Konzentrieren Sie sich wieder auf dieselbe Fingerspitze. Auf diesen einen Punkt Ihres Körpers. Spüren Sie die Oberfläche des Tischs unter Ihrem nun so langen Mittelfinger. Die Luft um ihn herum. Stellen Sie sich wieder vor, wie der Finger jetzt noch länger wird. Länger und Länger. Der Mittelfinger wird immer länger und länger und länger. Immer länger und länger. Konzentrieren Sie sich voll auf diese eine Fingerspitze. All Ihre Gedankenkraft fließt in diesen Finger. Er wird länger und länger.

Jetzt legen Sie die Hände wieder an den Linien am Handgelenk zusammen. Betrachten Sie ein weiteres Mal Ihre beiden Mittelfinger. Sehen Sie, wie lang Ihr vormals so kurzer

Finger allein kraft Ihrer Vorstellung geworden ist. Ist das nicht Wahnsinn? Ist es nicht unglaublich, wie das Unbewusste sofort einen Einfluss auf unseren Körper hat?

Spüren Sie jetzt, wie Ihr Schicksal in Ihren Händen liegt. Sie können schaffen, was Sie wollen. Sie können schaffen, woran Sie glauben. Ihre Realität folgt Ihrer Vorstellung. Sie sind Nichtraucher. Es ist wirklich so einfach.

Was in dieser Übung geschieht, ist das Folgende: Sie verschieben bewusst Ihren Fokus. Sie legen ihn bewusst auf diesen einen Finger, auf diese Fingerspitze, diesen winzigen Punkt. Eine solch bewusste Fokussierung auf nur eine Sache ist, wie gesagt, der Kern und das Geheimnis einer jeden Hypnose – jetzt haben Sie am eigenen Körper erfahren, welch enorme Kräfte eine solche Fokussierung entfesselt. Wenn Sie diese Kräfte mit Ihren Vorhaben verknüpfen, wie wir das gerade getan haben, wirkt das wie ein Katalysator.

Ab sofort wissen Sie: Jedes Mal wenn Sie sagen: »Ich rauche nicht«, spüren Sie Ihre neue Stärke, Ihr neues Selbstvertrauen. Es ist ganz leicht für Sie, die Zigarette oder E-Zigarette links liegen zu lassen. Wann immer Sie einen Anflug von Zweifel bekommen, ist diese Übung Ihre erste Hilfe. Konzentrieren Sie sich und staunen Sie, wie Ihr Finger tatsächlich wächst. Sie sehen ganz konkret, wie Ihre Vorstellungskraft und Ihr Geist Macht über Ihren Körper haben. *Sie* haben diese Macht! Das, was Sie sich vorstellen, wird zur Realität. Vertrauen Sie Ihrer Vorstellungskraft und Ihrem Unterbewusstsein. Beide sind Ihre hilfreichen Engel. Sie helfen Ihnen dabei, Nichtraucher zu sein. Und zu bleiben. Üben Sie, bis Sie genau wissen, wie es sich anfühlt zu wachsen.

Falls Ihr Finger bei dieser Übung noch nicht länger geworden ist – das ist selten, aber es passiert, so, wie auch manche Menschen nur schlecht auf Hypnose ansprechen –, waren

Sie vielleicht nicht ganz bei der Sache. Das kann schnell geschehen: Ein paar Geräusche auf der Straße. Ein unruhiger Gedanke an das vielleicht im Halteverbot geparkte Auto. Eine umhersurrende Fliege. Ein Juckreiz. Vielleicht mangelt es Ihnen aber noch an Vertrauen in Ihre eigenen unglaublichen Fähigkeiten. Wenn es jetzt noch nicht geklappt hat, möchte ich Sie darum bitten, diese Übung zu wiederholen. Probieren Sie sie an einem ruhigen Ort. Immer wieder. So lange, bis Sie sich selbst vertrauen. So lange, bis Sie an sich selbst glauben – denn dann werden Sie sehen, dass auch diese Übung funktioniert.

DAS MAGNETISCHE V

Nun möchte ich Ihnen direkt noch eine weitere Übung präsentieren, die Ihnen ebenfalls die Macht Ihrer Vorstellungskraft vor Augen führt. Sie funktioniert noch schneller als der wachsende Finger und ist darum eine tolle Erinnerungsstütze für zwischendurch. Wann immer Sie Zweifel an Ihren eigenen Fähigkeiten oder an der Macht Ihrer Vorstellungskraft überkommen, Sie aber nur eine halbe Minute zur Verfügung haben, können Sie diese wunderbare kleine Übung machen:

Verschränken Sie die Finger wie zum Gebet. Nun strecken Sie beide Zeigefinger nach oben aus und ziehen Sie diese seitlich weit auseinander, sodass die Finger zusammen ein »V« formen. Schauen Sie nun auf die Lücke zwischen den Fingerspitzen. Stellen Sie sich vor, Ihre Fingerspitzen sind zwei Magnete. Diese Magnete ziehen sich an. Stellen Sie sich diese Anziehungskraft vor. Spüren Sie, wie die Fingerspitzen sich aufeinander zubewegen. Unweigerlich. Unaufhaltsam. Bis sie sich berühren, als wollten sie einen Pakt besiegeln. Sagen Sie sich nun: Ich bin Nichtraucher! Ich vape nicht! Ich bin stark, voller Kraft und Selbstvertrauen! Ich bin Nichtraucher! Ich vape nicht!

Dann lösen Sie die Finger voneinander und genießen Sie Ihren Tag.

Ihre Vorstellungskraft bewirkt Wunder. Sie macht wahr, was Sie mit ihr erschaffen. Jeder Mensch hat diese Macht. Jeder hat diese unglaubliche Kraft. Bei manchen Menschen dauert es etwas länger, bis sie diese Kraft wirklich in jeder Faser ihres Körpers spüren, bei anderen klappt es sofort. Die Geschwindigkeit ist egal, auch langsame Schritte führen zum Ziel. Früher oder später kommt jeder dort an.

Ich möchte Sie an dieser Stelle noch einmal kurz daran erinnern, dass Sie über die faszinierenden Erlebnisse mit wachsenden und magnetischen Fingern Ihre Atmung nicht vergessen dürfen. Ihre Atmung ist das, worauf es wirklich ankommt:

- Immer wenn Sie geraucht haben, ging es eigentlich ums Atmen – nicht um die Zigarette oder das Vapen.
- Immer wenn Sie geraucht haben, haben Sie den Atemrhythmus gewechselt: Sie sind, ohne es zu wissen, in einen Atemrhythmus verfallen, der einen meditativen Zustand herbeiführt.
- Ab sofort wechseln Sie bewusst in diesen Atemrhythmus, wann immer Ihr Körper nach tiefer Atmung verlangt. Et-

was, das Sie früher fälschlicherweise für das Verlangen nach dem Nikotin hielten.
- Sie atmen dann ganz bewusst tief ein und ganz bewusst ruhig aus. Ihre tiefe Atmung begleiten Sie mit einem Lächeln. So werden Sie maximal entspannt. Sauerstoff flutet alle Körperzellen. Ihr Gehirn schüttet außerdem Serotonin aus: Das hebt Ihre Stimmung, macht Ihren Kopf klar – und entspannt Sie noch mehr.

Wiederholen Sie das jetzt ruhig noch einmal. Je häufiger Sie das bewusste Atmen üben, umso mehr geht es Ihnen in Fleisch und Blut über – und umso besser geht es Ihnen.

Wie Sie alles Negative loswerden – ein für alle Mal

Oft glauben die Menschen, die in meine Coachings kommen mit ihrem zunächst noch oberflächlichen Verständnis von Hypnose, dass ich ihnen Zigaretten oder Vapes in Trance unattraktiv, ja, unappetitlich machen werde. Es gibt auch tatsächlich Hypnotiseure, die sich dieses billigen Tricks bedienen. Aber das ist der falsche Weg, denn diese Vorgehensweise hat oft sehr unschöne Begleiterscheinungen. Wenn ich unter Hypnose Zigaretten oder Vapes mit ekligen und Übelkeit erregenden Vorstellungen auflade, dann führt das dazu, dass demjenigen, der nicht mehr rauchen oder dampfen möchte, sofort übel wird, sobald er auch nur an eine Zigarette oder E-Zigarette denkt. Da kann es passieren, dass sich der Magen beim Anblick eines Zigarettenautomaten umdreht. Oder wenn auf dem Schreibtisch des Kollegen eine Zigarettenschachtel liegt. Es führt manchmal dazu, dass es dem Betroffenen nicht mehr möglich ist, mit Rauchern überhaupt nur zu reden, denn auch wenn die gerade nicht rauchen, bleibt ja ein Geruch nach Zigaretten haften. Eine solche ungeschickte Hypnose führt also zu einem sozialen Handicap. Das verbietet sich von selbst.

So einen Taschenspielertrick hat unser mächtiges Unterbewusstsein auch gar nicht nötig. Sie haben vorhin am eigenen Körper erlebt, welche unmittelbare Macht Ihr Unterbewusstsein, Ihr Geist, Ihre Vorstellungskraft über Ihren Körper haben. Sie haben Ihren Finger bewusst wachsen lassen. Sie haben Ihre Zeigefinger in Magnete verwandelt. Mit ganz einfachen kleinen Ritualen haben Sie sich die unendliche Kraft Ihres Geistes vor Augen geführt.

Denken Sie nun einmal daran, wie oft Sie in Ihrem Leben etwas Belastendes erlebt haben. Vermutlich hatten Sie dann den Wunsch, dass irgendjemand vorbeikommt und Ihnen diesen schweren Rucksack abnimmt. Ganz ähnlich ist auch das Rauchen oder Vapen für Sie zu einer großen Last geworden, sonst hätten Sie sich wohl kaum entschlossen, damit aufzuhören. Im folgenden hypnotischen Ritual bekommen Sie nun die Möglichkeit, alles Belastende, das Sie mit dem Rauchen oder Dampfen verbinden, ein für alle Mal loszuwerden. Ganz ohne Handicap und Nebenwirkungen.

DAS LETZTE OPFER: EINE FÜR ALLE

Nehmen Sie zunächst noch einmal Ihr Heft zur Hand, das Sie auf Ihrem Weg begleitet. Blättern Sie zu der Seite, auf der Sie die Fragen beantwortet haben, die ich Ihnen in Kapitel zwei gestellt habe. Bitte schauen Sie noch einmal auf Frage Nummer vier:

Was sind, für Sie persönlich, die negativen Seiten des Rauchens oder Vapens?

Lesen Sie, was Sie dort aufgeschrieben haben. Sei es die Angst vor Lungenkrebs. Die Angst, früher sterben zu müssen. Das viele Geld, das Sie für die Zigaretten oder die Nachfüllpacks mit Liquid ausgeben und das Ihnen an anderer Stelle fehlt. Die beschleunigte Alterung Ihres Körpergewebes. Das genervte Gesicht Ihres nichtrauchenden Partners. Ihre Sorge, für Ihre Kinder in puncto Rauchen oder Vapen ein schlechtes Vorbild zu sein, dem sie eines Tages vielleicht nacheifern. Jeder einzelne dieser negativen Aspekte ist ein Wackerstein Ihrer Last. Alle zusammen bilden sie die Bürde, die Sie als rauchender oder dampfender Mensch mit sich herumgetragen haben.

Nehmen Sie Ihre letzte Zigarettenschachtel oder Ihre E-Zigarette zur Hand. Suchen Sie sich einen ruhigen Ort, an dem Sie ungestört sind. Machen Sie es sich bequem und ruhig ein bisschen feierlich. Ziehen Sie eine Zigarette aus der Schachtel. Betrachten Sie Ihre E-Zigarette. Halten Sie sie zunächst so, wie Sie sie normalerweise zum Rauchen halten würden. Dann wenden Sie sie einmal so, dass Sie von oben in den Tabak – oder die Mündung der E-Zigarette – hineinschauen können. Konzentrieren Sie sich nun auf die Zigarette. Auf den Tabak in dieser Röhre aus Papier. Auf das Liquid in der E-Zigarette. Während Sie so stehen oder sitzen, lesen Sie nun bitte langsam und konzentriert den folgenden Text, während Sie sich intensiv alles vorstellen:

Stell dir vor, wie du all das Negative nimmst,
das du mit dem Rauchen verbindest.
Gib es nun direkt in den Tabak/das Liquid hinein.
Das Negative sinkt zwischen die Tabakfädchen/ins Liquid.
Durchdringt sie/es.
Jeden einzelnen Punkt auf deiner Liste,
einen nach dem anderen,
gibst du in die Zigarette oder E-Zigarette.
Was immer es ist, was du am Rauchen oder Dampfen negativ findest, gib es hinein.
Stell dir vor, wie all das Negative sich zwischen dem Tabak/im Liquid verteilt.
Gib wirklich alles hinein.

Lass dir Zeit dabei.
Stell dir bildlich vor, wie das Negative in die Zigarette/die E-Zigarette sinkt.
Sie durchtränkt.
Sie ausfüllt.
Nimm wirklich alles und gib es in die Zigarette.

Du spürst nun,
dass alles Negative einen Platz hat.
All das Negative, das du mit dem Rauchen verbunden hast,
es hat einen Ort.
Dieser Ort liegt nicht in dir.
Dieser Ort ist jede Zigarette.

Jede Zigarette, die du je geraucht hast.
Jede E-Zigarette, die du gedampft hast.
Und jene, die du gerade in Händen hältst.
Das Negative ist darin enthalten.

Der schlechte Geruch deiner Kleidung.
Die Gefahr, Lungenkrebs zu bekommen.

Alle Ängste, alle Befürchtungen, aller Stress.
All das Negative, das du mit dem Rauchen oder Dampfen verbindest.
All das ist in jeder einzelnen Zigarette enthalten.
Auch in jeder Zigarre.
In jeder selbst Gedrehten.
In jedem Pfeifentabak.
In jeder E-Zigarette

Dort ist das Negative, das du mit dem Rauchen verbindest.
Ganz real.
All das Negative stammt aus der Zigarette.
Aus dem Tabak.
Aus dem Liquid.
Von nirgendwoher sonst.
Schau dir diese Zigarette oder E-Zigarette genau an.
Sie ist der Ort, mit dem all das Negative verbunden ist.
Sie ist real.
Dreidimensional.
Fassbar.

Von diesem Moment an gilt:

Versuchtest du, an der Zigarette oder E-Zigarette zu ziehen, wäre das unglaublich schwer.
Denn das würde bedeuten, dass du dich bewusst zerstören wolltest.
Dann würdest du all das Negative in dich hineinziehen.
Du würdest all das Negative mit deinem Körper aufnehmen.
Von diesem Moment an weißt du:
Das Negative schwebt nicht irgendwo im Raum.
Es ist in der Zigarette.
In den Tabakfasern.
Zwischen den Tabakfasern.
In jedem einzelnen Stück Tabak.
Im Liquid, das zu krebserregenden Stoffen verdampft.
In den Heizspiralen, die toxische Schwermetalle freisetzen.

Von diesem Moment an gilt:
Bei jeder Zigarette oder E-Zigarette, die du siehst, ist dir bewusst,
dass du all das Negative in dich hineinziehen würdest,
wenn du nun rauchtest oder dampftest.
Das willst du nicht.
Denn das wäre bewusste Selbstzerstörung.

Und jetzt gleich, wenn du diesen Text zu Ende gelesen hast, tust du Folgendes:

Als ehemalige Raucherin oder als ehemaliger Raucher von Tabakzigaretten nimmst du diese Zigarette.

Nimm auch die Zigarettenschachtel mit allen Zigaretten,
die noch übrig sind.
Schau überall nach, ob du noch irgendwo Zigaretten hast.
Sammle sie zusammen.
Zerknülle die Zigaretten.
Jede einzelne.

Zerknülle die Schachtel oder die Schachteln.
Jede einzelne.
Und dann nimmst du alles und wirfst es weg.
Wenn du den Mülleimer öffnest
und die Zigaretten hineinwirfst,
stell dir vor,
wie du genau jetzt
alles Negative wegwirfst.

Ein für alle Mal.

Falls du bisher Vapes gedampft hast:

Sammle sämtliches Zubehör in einer Schachtel.
Das Vape-Gerät.
Alle Einweg-Vapes.
Übrig gebliebene Liquids.
Liquid-Behälter.
Alles, was dazu gehört.
Schließe die Schachtel und schreibe dick ENTSORGEN auf die Schachtel.
Mit dieser Schachtel gehst du dann zum Wertstoffhof und entsorgst alles umweltgerecht.

Während du das tust,
stell dir vor,
wie du damit alles Negative abgibst.
Ein für alle Mal.

Werfen Sie mit der Zigarette oder dem Vaping-Zubehör das Negative weg, schmeißen Sie es aus Ihrem Leben hinaus. In dem Moment, in dem Sie die Zigarette oder sämtliche Vaping-Accessoires weggeworfen haben, ist all die Last des Rauchens oder Dampfens aus Ihrem Leben verschwunden. Alle Probleme, die mit dem Rauchen und Vapen verbunden waren, sind weg. Denn sie waren nirgendwo anders als in der Zigarette oder dem Vape.

Sie haben sich befreit. Und mit der großen Last sind auch all die kleinen nervenden Dinge des bisherigen Alltags als Raucher aus Ihrem Leben gewichen. Sie müssen nicht mehr vor dem Restaurant bei Sturm, Regen oder Eiseskälte auf der Straße frieren. Sie müssen Ihre um Sie besorgten Eltern nicht mehr anlügen. Sie müssen sich nicht auf Reisen am Flughafen in kleine, überfüllte Kabinen zwängen, die selbst für Kettenraucher übel riechen. Sie sind kein Sklave der Zigarettenindustrie mehr.

Aber Sie sind nicht nur das Negative losgeworden.

Sie haben Positives dazugewonnen. Ganz automatisch. Sie haben gelernt, wie es sich anfühlt, sich frei zu entscheiden. Sie haben die Kontrolle über Ihr Leben zurückbekommen. Sie haben Gesundheit bekommen. Mehr Geld. Mehr Lebensqualität. Und mehr Lebensfreude.

Alles, was Sie dafür tun mussten, war, diesen giftigen Stängel, von dem Sie doch wissen, dass er Ihnen nichts Positives bringt, wegzuwerfen. Jedes Mal, wenn Sie von nun an eine Zigarette sehen, erinnern Sie sich sofort an all das Negative, das Sie mit dem Rauchen verbinden. Sie wissen: Es ist in dieser Zigarette. Und damit nicht mehr in Ihrem Leben. Denn ein Wunsch, zu diesem gebündelten Negativen zu greifen, existiert nicht mehr. Niemand wird kommen und Ihnen eine Zigarette in den Mund stecken. Sie haben die Kontrolle. Ganz allein. So einfach ist es.

Kapitel 11

Die geheime Welt Ihres Unterbewusstseins: Warum Hypnose eine flexible Angelegenheit ist, und wie Sie auf den Flügeln Ihrer Fantasie verreisen

Sie haben ja nun bereits einige hypnotisch wirksame Übungen erlebt. Einen wachsenden Finger. Magnetische Fingerspitzen. Einen Luftballon, der Sie von Unerwünschtem befreit. Vielleicht haben Sie aber trotz oder sogar wegen der bisherigen Übungen immer noch ein etwas mulmiges Gefühl, wenn Sie an Hypnose denken. Vielleicht fragen Sie sich, ob Sie Angst davor haben müssen, wenn Sie sich bald auf eine »richtige« Hypnose einlassen, also das, was die meisten Menschen sich darunter vorstellen: ein Skript, bei dem rückwärts gezählt wird und man langsam, aber sicher in Trance sinkt.

Die Antwort ist ein ganz klares: Nein, Sie müssen keine Angst haben!

Denn das, was Sie bis jetzt erlebt haben, war auch echte Hypnose. Sie hatte nur eine andere Form als das, was gemeinhin mit Hypnose assoziiert wird. Erinnern Sie sich: Hypnose ist ein ganz normaler Zustand, den jeder von uns Tag für Tag erlebt. Das Beispiel des Lesens haben wir schon ausführlich beleuchtet: Wenn Sie ein Buch lesen und dabei die Welt um sich herum vergessen, so ist das ein hypnotischer Zustand. Wenn Sie sich im Kino einen Film anschauen, gilt das Gleiche: Ist der Film lustig, müssen Sie lachen. Ist er traurig, fangen Sie an zu weinen. Damit reagieren Sie auf etwas rein Imaginäres mit einer echten Emotion – und das ist Hypnose. Hier haben wir den meditativen, voll fokussierten Zustand, und wir haben ebenfalls die Idee – die Idee ist nichts anderes als die Geschichte, der Sie im Buch oder im Film folgen.

Fahren Sie Auto? Da ist es Ihnen vermutlich schon mal passiert, dass Sie sich auf der Autobahn plötzlich gefragt haben, wo die letzten 50 Kilometer geblieben sind. Sie waren in diesem Fall so ins Fahren vertieft, dass Sie Zeit und Raum vergessen haben. Das ist ein meditativer Zustand: die Fokussierung auf das Fahren. Wenn Sie in diesem Zustand auch noch bewusst eine Idee hinzufügen, zum Beispiel ein Wort wie »Energie« mit all seinen unbewussten Assoziationen, so verwandeln Sie die Autofahrt in eine tiefenwirksame Hypnose. Der Gedanke an »Energie« sinkt sofort in Ihr Unterbewusstsein und tut dort sein Werk: Er gibt Ihnen – na, was wohl? – Energie.

Wenn ich Sie auffordere, sich bewusst das Wasser im Munde zusammenlaufen zu lassen, so wird das nicht gehen. Wenn ich Sie aber bitte, sich eine Zitrone vorzustellen und sich auszumalen, wie Sie diese in Spalten schneiden, wie der Saft aus dem Fruchtfleisch tropft und wie Sie sich eine dieser glitzernden Spalten in den Mund stecken, dann sieht das schon gleich anders aus. Dann spüren Sie, wie das Wasser im Munde zusammenläuft. Sie merken, wie Sie auf die rein imaginäre Fruchtsäure reagieren. Auch das ist Hypnose. Es sollte klar sein, dass das umso besser funktioniert, je mehr Fantasie und Vorstellungskraft wir haben.

Vorstellungskraft ist zum Glück Übungssache. So, wie wir unsere Muskeln trainieren können, können wir auch die Kraft unserer Vorstellung stärken. Wir müssen sie nur regelmäßig benutzen. Als Kinder haben wir Fantasie im Überfluss, aber als Erwachsene lassen wir sie oft verkümmern. Das grenzenlose Vorstellungsvermögen ist eigentlich noch da, aber wir nutzen es nicht. Doch es lässt sich reaktivieren. Falls Sie momentan noch ein wenig Schwierigkeiten haben, sich alles plastisch vorzustellen, machen Sie sich keine Sorgen. Machen Sie einfach die Übungen und Rituale, die ich Ihnen in diesem Buch ans Herz lege, dann wird Ihre Fantasie nach und nach zu neuem Leben erwachen. Und wenn Sie sich eine Zitrone, wie im Beispiel vorhin, eben noch nicht plastisch vorstellen können, dann denken Sie einfach an eine beliebige Zitrone, die Sie schon mal gesehen haben, oder auch nur an das Wort »Zitrone«. Das reicht fürs Erste vollkommen. Die plastische Vorstellung kommt mit der Zeit – so sicher wie das Amen in der Kirche.

Auf den Fokus kommt es an – Realität ist, was wir dafür halten

Hypnose lässt sich also als die absolute Fokussierung auf nur eine Sache, eine Idee, beschreiben. Dabei ist es egal, ob das, worauf man sich fokussiert, real oder eingebildet ist. Das Unterbewusstsein kann »real« und »eingebildet« nämlich nachweislich nicht unterscheiden – vorausgesetzt, wir versinken in unserer Vorstellung so vollkommen, als sei sie real. Nachgewiesen wurde das, indem Forschende die Hirnaktivität von Menschen beim Lesen eines Buchs untersucht haben. Die unterschied sich in nichts von der Aktivität bei realen Ereignissen.

Wenn Sie in Kürze die »richtige« Selbsthypnose ausprobieren, zu der ich Sie anleiten werde, so erlauben Sie sich bitte vorab, die Hypnose mit allen Sinnen zu erfahren. Und vertrauen Sie voll und ganz darauf, dass Ihr Vorhaben gelingt. Erwarten Sie, dass es gelingt. Alles, was wir uns innerlich sagen, wird von unserem Unterbewusstsein umgesetzt. Wenn wir uns sagen: »Ich schaffe das!«, dann schaffen wir das auch.

Falls Sie noch ein bisschen Bammel haben, weil Ihnen vielleicht das Gerücht zu Ohren gekommen ist, es gäbe Leute, die in der Hypnose hängen geblieben sein sollen, kann ich Sie beruhigen: Das ist Quatsch! Ob es sich um Hypnose handelt, die mithilfe eines physisch anwesenden Hypnotiseurs erreicht wird, oder um eine Selbsthypnose, zu der ich Sie in diesem Buch anleite – jeder wird wieder wach. Auch Sie.

Und nicht nur das: Sie werden sich nach einer Hypnose absolut erfrischt und voller Energie fühlen wie nach einem achtstündigen Schlaf. Hypnose hat auch nichts mit Betäubung zu tun, Sie sind dabei nicht ausgeknockt, sondern ganz im Gegenteil hellwach. Dabei sind Sie ganz besonders tief entspannt, wodurch Ihr Unbewusstes extrem aufnahmefähig ist. Sie müssen wach sein, weil Ihre Vorstellungskraft sonst auch schliefe – und an ihr hängt der Erfolg einer jeden Hypnose.

Fragen Sie sich aber bitte nicht: Bin ich schon hypnotisiert? Was passiert mit mir? Das reißt Sie nur wieder aus der Fokussierung heraus. Denken Sie daran, wie es ist, wenn Sie einen Roman lesen oder einen Film schauen. Sie fangen einfach an, das Buch zu lesen oder den Film zu schauen. Und plötzlich, ohne dass Sie groß darüber nachdenken, sind Sie im Flow – weil Sie sich darauf eingelassen haben, einfach so. Hypnose kann man nicht fühlen, Hypnose geschieht. Man muss sich lediglich in die wohlige Entspannung fallen lassen und mitgehen. Sie können das. Jeder kann das.

Viele Wege führen nicht nur nach Rom, sondern auch in die Hypnose

Am Ende dieses Kapitels bekommen Sie von mir ein Hypnoseskript für eine Visualisierung, die Sie auf alle folgenden Skripts und Übungen effektiv vorbereitet. Diese Visualisierung wird Sie von allen Vorurteilen, von allem gedanklichen Ballast und Ängsten befreien, die Ihnen bei Ihrem Vorhaben noch im Weg stehen könnten, dauerhaft ein glücklicher Nichtraucher oder eine glückliche Nichtraucherin zu sein und ebenso dauerhaft und ohne das Gefühl von Verzicht nicht zu vapen. Sie öffnet Sie für neue Gedanken. Sie wirkt wie ein Reset-Button, der aber nur das löscht, was Sie selbst loswerden möchten.

Wären Sie Coachee in meiner Praxis, würde ich Sie persönlich durch diese Visualisierung leiten. Das funktioniert mit einem Buch leider nicht. Doch das macht nichts. Es gibt verschiedene Möglichkeiten, mit einem Skript zu arbeiten und damit einen ähnlichen oder gleichen hypnotischen Effekt zu erzielen wie in einer Hypnosesitzung. Denken Sie daran: Kein Hypnotiseur, keine Hypnotiseurin, versetzt Sie in Hypnose. Das machen Sie selbst, Ihre Vorstellungskraft. Jemand anders kann Sie anleiten, aber Sie allein versetzen sich in Trance, indem Sie seinen Worten folgen. Wählen Sie also eine der folgenden Möglichkeiten.

Methode 1: Sie lesen das Skript

Sie können sich statt von mir als Hypnotiseur genauso gut auch allein von Worten anleiten lassen. Bereits das voll fokussierte Lesen eines Hypnoseskripts hat einen hypnotischen Effekt. Lesen Sie das Skript hierzu langsam und vollziehen

Sie das Gelesene gedanklich nach wenn Sie nach jedem Satz die Augen schließen. Wenn es Ihnen dabei gelingt, sich das alles plastisch vorzustellen, hält Ihr Gehirn das in diesem Moment für die Realität. Genau das wollen wir erreichen.

Ich gebe allerdings zu, dass diese sehr bequeme und ohne große Vorbereitung durchführbare Methode einen kleinen Nachteil hat: Sie können beim Lesen zwar wunderbar tief atmen, doch Sie können währenddessen nicht die Augen schließen, das geht nur in kurzen Pausen. Das Schließen der Augen in der Hypnose dient aber zum einen dazu, optische Ablenkungen auszuschalten und die volle Konzentration zu ermöglichen. Zum anderen verändert das Schließen der Augen unsere Hirnwellenaktivität: Wir gleiten vom Zustand der Betawellen – das sind die Gehirnwellen des aktiven Wachzustands, der auch logische Denkprozesse wie das Lösen einer Matheaufgabe begleitet – hin zu den Alphawellen. Schwingt unser Gehirn im Alphawellenmuster, sind wir zwar weiterhin wach und bewusst, aber dabei sehr entspannt. Unser Unterbewusstsein stellt auf den Lernmodus um und öffnet sich leicht allen Suggestionen, mit denen wir es füttern. Darum handelt es sich um einen in der Hypnose wünschenswerten Zustand. Zum Glück gibt es Kniffe, um diesen wunderbaren Zustand auch bei geöffneten Augen herbeizuführen, ich nenne sie die drei »K« der Gehirnwellenmodulation: **K**lassik, **K**erzen, **K**issen.

Der Klassiktrick: Verschiedene Studien sind zu dem Schluss gekommen, dass langsame und ruhige klassische Musikstücke Probanden besser lernen ließen. Das Gelernte blieb unter klassischer Beschallung leichter und nachhaltiger hängen. Die wissenschaftlichen Teams führten das darauf zurück, dass die Hirnwellen durch die Musik von Beta- auf Alphawellen umschalteten. Dazu war es allerdings wichtig, die Stücke nur sehr leise abzuspielen, sodass sie gerade eben hörbar waren. Wurde die Musik lauter gehört, verschwand der Effekt, weil sie dann als ablenkend erlebt wurde. Inzwischen gibt es sogar Alphawellen-Kanäle bei Streaming-Anbietern, auf denen entspannende Musik ganz unterschiedlicher Art und Weise zu hören ist – es lohnt sich, hier ein wenig zu stöbern, um die Musik zu finden, die Sie wirklich mögen.

Der Kerzentrick: Dass Menschen sich so gern um Lagerfeuer herum oder vor einem offenen Kamin versammeln, hat natürlich einerseits mit der wohligen Wärme zu tun. Andererseits haben auch offene Feuer einen hypnotischen Effekt, denn das unregelmäßige Flackern verändert ebenfalls unsere Gehirnwellen und lässt sie in die entspannenden Alphawellen wechseln. Nun hat heutzutage natürlich nicht jeder einen offenen Kamin in seiner Zweizimmerwohnung. Die gute Nachricht lautet: Eine Kerzenflamme tut es auch. Machen Sie es sich also mit dem Skript abends mit ein paar Kerzen gemütlich, konzentrieren Sie sich vor dem Lesen ein paar Minuten auf das flackernde Licht – und schon ebnen Sie den Suggestionen des Hypnoseskripts den Weg in Ihr Unterbewusstsein.

Natürlich lassen sich auch beide Methoden problemlos kombinieren, ich empfehle das sogar ausdrücklich. Schon allein, weil es doch fast nichts Schöneres gibt als einen entspannten Abend im Kerzenschein mit exquisiter Musik und einem guten Buch.

Der Kissentrick: Zusätzlich zu den erwähnten Kniffen können Sie einen alten Trick von Schulkindern nutzen, die Prüfungsstoff abends im Bett, direkt vor dem Einschlafen noch einmal durchgehen und dann das Buch unters Kopfkissen legen, im festen Glauben, der Lernstoff bahne sich nachts seinen Weg durchs Kissen ins Gehirn hinein. Das Geheimnis dieser tatsächlich funktionierenden Methode ist allerdings nicht das Buch unterm Kopfkissen, sondern der Zeitpunkt: Wer vor dem Schlafengehen Lernstoff oder eben auch ein Hypnoseskript durchgeht, dem hängt das soeben Gelesene noch im Kurzzeitgedächtnis. Wenn wir dann direkt die Augen schließen, wechseln unsere Hirnwellen zunächst in die Alphafrequenz, und das Unterbewusstsein beginnt sich weiter zu öffnen. Das zuvor Gelesene wird dabei einfach mit eingeschleust. Wenn wir nun langsam in den Schlaf sinken, verwandeln sich die Alphawellen in Thetawellen. Wir befinden uns dann in einem tief entspannten meditativen Zustand, in dem das bewusste Denken völlig ausgeschaltet und das Unterbewusstsein weit geöffnet ist – und der Inhalt unseres Skripts kann es sich direkt an Ort und Stelle gemütlich machen.

Methode 2: Sie schreiben das Skript ab

Vielleicht haben Sie jetzt spontan den Gedanken, dass das ja so langsam in Arbeit ausartet. Ich würde das Abschreiben eines Skripts allerdings eher als ebenso entspannende wie lohnende Tätigkeit bezeichnen. Wenn Sie das Skript abschreiben, machen Sie sich wieder zunutze, dass Ihr Gehirn und damit auch Ihr Unterbewusstsein handschriftlich Festgehaltenes besonders gut aufnimmt. Wichtig ist natürlich, dass Sie nicht einfach nur mechanisch die Worte kopieren – das würde Sie zwar entspannen, hätte darüber hinaus jedoch kaum einen Effekt. Sie müssen sich tatsächlich mit den Worten auseinandersetzen. Am besten machen Sie nach jedem Absatz eine kurze Pause, schließen die Augen und stellen sich das Geschriebene vor. Lassen Sie sich fallen. Versinken Sie in den Worten. Dann erreichen Sie beim Abschreiben den maximalen Effekt.

Übrigens müssen Sie nicht jedes Wort auf die Goldwaage legen. So ein Skript ist nicht in Stein gemeißelt. Sie dürfen, nein, Sie sollen Formulierungen abändern, die in Ihnen keine oder gar eine negative Resonanz haben oder nicht Ihrer Lebenssituation entsprechen. Es ist ausdrücklich erlaubt, das Skript zu bearbeiten. Sie können den hypnotischen Effekt des Schreibens natürlich ebenfalls mit gemütlichem Kerzenschein und klassischer Musik unterstützen.

Methode 3: Sie lernen das Skript auswendig

Das wird ja immer schöner, werden Sie jetzt vielleicht denken. Erst soll ich nur lesen, dann abschreiben und nun auch noch auswendig lernen – ja, bin ich denn hier in der Schule? Der Vergleich ist gar nicht so dumm. Hypnose ist schließlich nichts anderes als ein tief gehender Lernprozess. Beim erfolgreichen Lernen passiert ganz genau das Gleiche wie bei einer Hypnose: Zunächst bewusst und wiederholt aufgenommene Lerninhalte sinken mit der Zeit ins Unterbewusstsein und werden damit fest in Ihrem Gehirn verankert. Das Schöne ist: Jeden noch so kleinen Lernerfolg belohnt das Gehirn mit einem wunderbaren Gefühl der Zufriedenheit. Sie werden also nicht nur mit einem schönen neuen und gesünderen Leben als Nichtraucher belohnt, sondern bekommen als Sahnetüpfelchen obendrauf sogar noch einen Kick – einen völlig unschädlichen noch dazu.

Beim Auswendiglernen setzen Sie sich außerdem intensiv mit den Worten und ihrem Inhalt auseinander. Und haben Sie das Skript einmal verinnerlicht, können Sie es jederzeit und überall problemlos anwenden – auch mit geschlossenen Augen. Wenn Sie etwas wirklich auswendig können, gibt es dazu noch einen Pluspunkt, denn das hat die gleiche Wirkung wie ein Mantra, also ein Laut oder Wort, das in der Meditation benutzt wird, um diese zu vertiefen: In Ihren Gedanken ist kein Platz für etwas anderes als das Auswendiggelernte. So erreichen Sie einen sehr tiefen hypnotischen Effekt.

Auch hier gilt: Ändern Sie gerne ab, was Sie als für sich persönlich unpassend formuliert finden. Sie müssen auch ein Skript nicht Wort für Wort auswendig lernen wie etwa einen Liedtext, den Sie im Chor singen wollen. Es kommt nicht auf das einzelne Wort an, sondern auf das Gefühl, das die Worte in Ihnen hervorrufen, und auf die Bilder, die vor Ihrem inneren Auge ausgelöst werden.

Doch zwingen Sie sich bitte nicht – wenn Ihnen das Auswendiglernen zu aufwändig ist, wählen Sie einfach eine der anderen Methoden. Zum Beispiel die bequemste:

Methode 4: Sie nehmen das Skript auf

In diesem Fall schlüpfen Sie selbst in die Rolle des Hypnotiseurs oder der Hypnotiseurin und lesen sich das Skript vor. Wenn Sie die Aufnahme später abspielen, können Sie beim Zuhören die Augen schließen, das ist ein Vorteil. Für diese Variante brauchen Sie lediglich ein Aufnahmegerät oder einen Computer mit Mikro und etwas Zeit. Wichtig ist, dass Sie nicht zu schnell sprechen und Pausen machen. Denken Sie bei der Aufnahme das Gesprochene mit und stellen Sie sich vor, wie Sie die im Skript gegebenen Anweisungen befolgen. Auf diese Weise erhält Ihre Aufnahme ein natürliches Tempo, und Sie haben später beim Abhören genügend Zeit, das Gehörte auch umzusetzen.

Am besten lesen Sie das Skript zuvor mehrmals laut, um sich mit dem Text vertraut zu machen und sich an etwaige sprachliche Stolpersteine zu gewöhnen. Vielleicht gehören Sie aber auch zu den Menschen, die überhaupt nicht damit zurechtkommen, sich selbst auf einer Aufnahme sprechen zu hören – auch wenn sich das anfängliche Schaudern beim Hören der eigenen Stimme meist mit der Zeit legt. Aber natürlich gibt es da noch eine Möglichkeit:

Methode 5: Sie lassen sich das Skript vorlesen

Dazu benötigen Sie logischerweise jemanden, der Ihnen hilft. Es empfiehlt sich jemand, dem Sie vertrauen und der sich vor allem auch wohl in dieser Rolle fühlt. Wer sich beim Vorlesen unwohl fühlt und darum ins Herunterleiern verfällt oder zwischendurch immer wieder Kicherattacken bekommt, zerstört die hypnotische Kraft jedes Skripts. Für Ihren Helfer oder Ihre Helferin gelten darum die gleichen Ratschläge wie für Sie, wenn Sie das Skript selbst lesen und aufnehmen. Und natürlich können Sie auch aufnehmen, während der oder die andere das Skript liest, wenn die Person damit einverstanden ist.

Hypnose ist immer flexibel – wichtig ist das Ergebnis

Falls sich bei der Beschäftigung mit dem Skript Nebengeräusche partout nicht ausschalten lassen sollten – die vorbeiratternde Straßenbahn, der Lärm vom Schulhof gegenüber, das dudelnde Radio im Hof –, möchte ich Sie bitten, eine simple Meditationstechnik anzuwenden: Heißen Sie jedes Geräusch einfach willkommen, statt sich darüber zu ärgern. Stellen Sie sich im Weiteren vor, wie das Geräusch Ihre Entspannung noch vertieft. Auf diese Weise lässt es sich sogar in voll besetzten Cafés meditieren und hypnotisieren. Ich habe diesen Trick viele Hundert Male angewandt und versichere Ihnen, dass er funktioniert.

Wundern Sie sich bitte nicht, dass auch in diesem Skript noch nicht rückwärts gezählt wird. Das Rückwärtszählen, inklusive der damit verbundenen Suggestionen, ist nichts anderes als eine Methode der Induktion, also des Hineinführens in die Trance. Man könnte diese vergleichsweise zeitintensive Induktion auch mit dem nun folgenden Skript verbinden, aber ich möchte Ihnen verdeutlichen, dass Hypnosemethoden flexibel sind. Sie sollen selber merken, dass es auch schneller geht. Sie gleiten in eine Trance, wenn sich Ihre Gehirnwellen verändern, und um das zu erreichen, gibt es eben nicht nur eine Möglichkeit, sondern viele. Entscheidend ist das Ergebnis. Dass sich Ihr Unterbewusstsein für neue und erwünschte Botschaften öffnet.

Egal, welche der oben genannten fünf Methoden Sie anwenden, bitte machen Sie unmittelbar vor der Beschäftigung mit dem Skript die Elman-Induktion von S. 50 oder die Atemmeditation von S. 25. Wenn es noch schneller gehen soll, fixieren Sie einen Punkt an der Ihnen gegenüberliegenden Wand einige Minuten mit Ihrem Blick und bringen so ablenkende Gedanken zur Ruhe. Falls Sie eine Kerze angezündet haben, können Sie stattdessen auch die Flamme beobachten. All diese Instant-Induktionsmethoden können Sie übrigens auch vor jeder anderen Übung, vor jedem anderen Ritual in diesem Buch machen, um die Wirkung zu intensivieren.

Nun kommen wir aber endlich zu Ihrer ersten Fantasiereise. Ich werde Sie auch hier mit »Du« ansprechen, so, wie ich es in meinen Sitzungen mit meinen Coachees mache.

Die Sätze, die nur dann relevant werden, wenn Sie das Skript aufnehmen oder sich vorlesen lassen, setze ich in Klammern. Diese Visualisierung lässt Sie sinnlich erfahren, dass Sie in jedem Moment alles in Ihrem Leben verändern können – oder auch nur ein Detail, wie zum Beispiel das Rauchen. Sie haben es in der Hand, Sie müssen es nur tun. Es ist so einfach wie das Atmen.

DU BIST, WER DU SEIN MÖCHTEST: DAS GLÄSERNE GEFÄSS

(Konzentriere dich nun auf meine Stimme.)
(Stell dir genau alles vor, was ich jetzt sage.)

Stell dir vor, dass vor dir in der Luft ein kristallklares Gefäß schwebt.
Schau es dir genau an.
Erkenne, wie klar und durchsichtig es ist und dass du alles sehen kannst,
was du jetzt gleich in dieses Gefäß hineingeben wirst.

Du siehst in diesem Gefäß ein helles violettes wunderschönes Licht,
das langsam und ruhig darin schwebt.
Konzentriere dich auf dieses wunderschöne Licht.
Spüre seine angenehme Wärme.
Spüre, wie der Anblick deinen Augen wohltut.

Ich möchte, dass du jetzt deinen Namen in dieses Gefäß gibst.
Alles, was er dir bedeutet.

Alles, was du mit diesem Namen verbindest.
Jedes Gefühl.
Du siehst, wie dein Name sich mit dem violetten Licht vereint,
wie er mit dem Licht im Gefäß schwebt.

Gib nun deine Kleider in das Gefäß.
Deinen ganzen Kleiderschrank.
Das, was du gerade am Leib trägst.

Gib deine Frisur in das Gefäß, dein Styling.
Dein ganzes Aussehen.
Alles, was du mit deinem Erscheinungsbild verbindest.
Alles, was es anderen über dich zeigen soll.
Alles, was es für dich und andere bedeutet.
Du siehst, wie sich alles im Gefäß
mit dem hellen violetten Licht verbindet,
zur Einheit wird und langsam und leicht umherschwebt.

Gib nun deine Möbel, deine Wohnung,
dein ganzes Haus in das Gefäß.
Alles schwebt im violetten Licht.
Pack deinen ganzen Besitz in das Gefäß.
Gib dein Telefon hinein.
All deine Verpflichtungen.
Gib deinen Beruf in das Gefäß.
Alle Vorstellungen, die du von dir selbst hast.
Alle Erwartungen.

Gib deinen Geist in das Gefäß

und die Stimme in deinem Kopf,
die dir sagt, was richtig oder falsch ist,
was du tun oder sagen sollst.

Gib deine komplette Persönlichkeit in das Gefäß.
Alle deine Träume.
Deine Albträume und Ängste.
Deine Glaubensvorstellungen.
Deinen Glauben an Gott.
Deine Religion.
Deine politischen Ansichten.
Den Glauben an die Bedeutung von Geld.
Daran, was es bedeutet, Mann oder Frau zu sein.

Gib alles in das Gefäß.
Dort vermischt sich alles mit dem wunderschönen violetten Licht.

Gib jeden Zweifel in das Gefäß.
Alle Beurteilungen.
Das Gefühl, immer perfekt sein zu müssen.
Keine Fehler machen zu dürfen.
Deine Meinungen.
Deine Ziele und Wünsche.
Alle Beziehungen.
Deinen Charakter.
Deine Sehnsüchte.
Das Gefühl, sich rechtfertigen zu müssen.
Alle deine Sorgen.
Packe alles in das Gefäß.

Gib nun noch alles, was du loswerden möchtest, in das Gefäß hinein.
Jedes Objekt.
Jede Handlung.
Jedes Gefühl, das du damit verbindest.
Gib alles in dieses Gefäß hinein.
Alle diese Dinge schweben jetzt in diesem Gefäß,
vereint mit dem violetten wunderschönen Licht.

Schau dich noch einmal in deinem Leben um.
Gib alles, was du vergessen haben solltest, in das Gefäß hinein.
Deinen nackten Körper.
All deine Gedanken.
Alles vereint im kristallklaren Gefäß und schwebend im violetten wunderschönen Licht.

Und jetzt erkennst du,
dass dein Ich sich nicht in diesem Gefäß befindet.
DU betrachtest das Gefäß von außen.
DU hast alles erschaffen, was sich im Gefäß befindet.
Aber DU bist nicht in diesem Gefäß.
Denn DU betrachtest das Gefäß von außen.

Verschließe jetzt das Gefäß mit einem großen Korken.
Leg es ab an einen bestimmten Ort deiner Wahl.
Einen Ort, an den du immer gehen kannst.
Es ist dir freigestellt, was du wieder aus diesem Gefäß herausnimmst.
Vielleicht nimmst du dieses Gefäß einfach und wirfst alles weg.

Vielleicht nutzt du die Gelegenheit, wieder von ganz vorne anzufangen.
Es ist deine freie Wahl.
Es ist immer deine Wahl.
Du hast die absolute Kontrolle.
Denn was in diesem Gefäß ist, das bist nicht du.
DU bist derjenige, der entscheidet.
DU schaust in das Gefäß von außen hinein.
Klar und frei.
(Jetzt öffne deine Augen.)

Willkommen im Jetzt.

Kapitel 12

Die Macht der Gewohnheiten: Wie Sie die fleißigen Wichtel Ihres Unterbewusstseins umschulen und magische Momente unsterblich machen

Sie wissen inzwischen, die Atmung ist das, was im Zentrum des Rauchens und auch des Vapens steht. Nicht das Nikotin. Diese bewusste Erkenntnis werden wir gleich noch tiefer verankern, damit Sie gar nicht mehr darüber nachdenken müssen, sondern Ihr Unterbewusstsein von ganz allein die Führung in die richtige Richtung übernimmt. Dabei bin nicht ich es, der diese Erkenntnis verfestigt, sondern Sie selbst. Das ist wichtig. Sie allein haben die Kontrolle über Ihr Bewusstsein, Ihr Unterbewusstsein und Ihren Körper. Wenn Sie nicht wollen, klappt es nicht – niemand kann Ihnen unter Hypnose etwas aufzwingen, was Sie nicht möchten.

Aber Sie möchten ja: Sie haben sich entschieden. Sie haben dieses Buch gekauft. Sie sind dabei, es zu lesen. Bis hierher. Das sind die besten Voraussetzungen für das Gelingen der Selbsthypnose. Denken Sie dran: Sie sind Nichtraucher. Sie sind Nichtraucherin. Sie vapen nicht. Sie können stolz auf sich sein.

Sie wissen also, es war das Atmen, das Sie beim Rauchen entspannt hat. Sie wissen, es war das Atmen, das Sie hat glauben lassen, mit Zigarette oder E-Zigarette besser mit Stress umgehen zu können. Sie wissen, alles, was Sie an Positivem mit dem Rauchen oder Dampfen verbunden haben, war allein aufs Atmen zurückzuführen. Weder im klassischen Glimmstängel noch in einer E-Zigarette ist etwas drin, was entspannt, klarer denken lässt oder gesellig macht. Im Gegenteil, insbesondere Tabakrauchen macht nur müder und langsamer aber auch die giftigen Inhaltsstoffe im Dampf einer E-Zigarette beeinträchtigen auf Dauer. All das ist Ihnen nun *bewusst*.

Nun ist es an der Zeit, Ihr Unterbewusstsein beim Projekt Rauch- und Dampf-Stopp ganz offiziell mit ins Boot zu holen. Es hat natürlich schon die ganze Zeit gelauscht, mit was Sie sich da neuerdings befassen: Nicht rauchen und nicht vapen, aha! Interessant! Ihr schlaues Unterbewusstsein hat längst kapiert, dass etwas Wichtiges dabei ist, sich zu ändern. Aber als Ihr treuer Untergebener, dem der wichtige Job des Hütens Ihrer Gewohnheiten anvertraut ist, braucht Ihr Unterbewusstsein langfristig vor allem eins: klare und unmissverständliche Anweisungen. Ganz konkret. Anweisungen, die es an die jeweiligen Gewohnheiten weitergeben kann, die jene dann umsetzen müssen.

Das Spezialistenteam in Ihrem Unterbewusstsein: Ihre Gewohnheiten

Die Gewohnheiten können Sie sich als fleißige Mitarbeiter Ihres Unterbewusstseins vorstellen. Das Team Ihrer Gewohnheiten ist allein daran interessiert, Ihnen Ihr Leben so angenehm und unkompliziert wie möglich zu gestalten. Das ist der Job einer Gewohnheit. Um dieses Ziel zu erreichen, automatisieren diese Mitarbeiter Dinge, die Sie täglich tun – ob

Sie nun rauchen, Kaffee kochen, duschen oder Auto fahren –, damit Sie Zeit für anderes haben und sich nicht vor jeder winzigen Aktion den Kopf über jeden Handlungsschritt zerbrechen müssen. Die Gewohnheiten sind Mitarbeiter, die im Verborgenen Ihres Gehirns unermüdlich ackern, damit Sie ein schönes und möglichst unkompliziertes Leben führen können. Die Absicht Ihrer Gewohnheiten ist darum, genauso wie die Ihres Unterbewusstseins, immer positiv. Niemals möchten Ihre Gewohnheiten Ihnen Schaden zufügen – das zu verstehen ist sehr wichtig.

Es bringt nichts, eine Gewohnheit wie das Rauchen oder Vapen zu verteufeln. Das wäre zum einen ziemlich ungerecht, schließlich ist es *Ihre* Gewohnheit, *Sie* haben damit angefangen. Zum anderen würden Sie damit nur Verwirrung stiften. Die betroffene Gewohnheit ist schließlich ein sehr fleißiger Mitarbeiter. Der würde sich – zu Recht – fragen, was er denn falsch gemacht hat. Er hat doch nur das gewissenhaft ausgeführt, was er *von Ihnen* gelernt hat. Ihm dafür jetzt einen Verweis auszustellen ist der falsche Weg.

Sie haben diesen Mitarbeiter im Unterbewusstsein eingestellt, als Sie vor Jahren mit dem Rauchen oder Dampfen begonnen haben. Er erwies sich schnell als ausgesprochen fleißig. Damals wie heute meldet er sich nie krank. Er hat sich darauf spezialisiert, mit seismografischer Präzision Ihr Befinden zu analysieren. Er ist immer derjenige, der als Erster feststellt, wann Sie eine Pause brauchen. Der sofort merkt, wann der Stress überhandnimmt. Er ist derjenige, der als Erster mitbekommt, wenn Sie sich einsam fühlen. Wenn Sie müde werden. Wenn Sie vor Aufregung zittern. Er ist die Antenne, von der wir bereits gesprochen haben und die in direktem Kontakt mit Ihrem Befinden steht. Diese Antenne möchten Sie natürlich unbedingt behalten. Dazu müssen Sie sich nicht nur bewusst, sondern eben auch unbewusst klarmachen, dass es bei der Gewohnheit Rauchen oder Vapen eigentlich um die Gewohnheit des tiefen, entspannenden Atmens ging.

Ihr bester Mitarbeiter schult um

Es ist wahrscheinlich, dass an der Tür des Arbeitszimmers Ihres so wichtigen Mitarbeiters immer noch das Schild »Rauchen« – oder eben »Vapen« – prangt, obwohl dort eigentlich schon »Durchatmen« stehen müsste. Darum werden Sie nun mit meiner Hilfe in Selbsthypnose ein Gespräch mit diesem Mitarbeiter Ihres Unterbewusstseins führen und ihm seine neue, leicht veränderte Aufgabe erklären. Jenem Mitarbeiter, der bisher fürs Rauchen oder Dampfen zuständig war. Er muss begreifen, dass es von nun an wirklich einzig und allein ums Atmen geht und eigentlich auch nie um etwas anderes gegangen ist.

Es ist dabei wichtig, diesem Mitarbeiter für seine Arbeit zu danken. Und ihn anschließend zu motivieren, in Zukunft seinen so wichtigen Job mit gleichem Enthusiasmus fortzuführen – jedoch ohne dabei auf das Hilfsmittel der Zigaretten oder Vapes zurückgreifen zu müssen. Denn wenn dieser Mitarbeiter einmal wirklich versteht, worauf es jetzt ankommt, können Sie sich entspannt zurücklehnen. Dann müssen Sie sich nicht mal mehr bewusst machen, dass Ihr Körper ja nur atmen will. Dann geschieht das ganz automatisch – Ihr Mitarbeiter, die Gewohnheit, an deren Tür nun das Schild »Durchatmen« hängt, sorgt schon dafür. Genauso zuverlässig, wie er Sie zuvor immer zur Zigarette oder Vapes hat greifen lassen.

Wenn Sie gleich in der Hypnose Ihrem so wertvollen Mitarbeiter einen Besuch abstatten, kosten Sie bitte den Moment aus. Genießen Sie, etwas ganz allein für sich selbst zu tun. Es geht hier um Ihr Bewusstsein, Ihre bewusste Entscheidung, mit dem Rauchen und Vapen aufzuhören. Es geht aber auch um Ihr Unterbewusstsein. Um Ihre Vorstellungskraft. Um Ihre Fantasie. Um Ihr Wohlbefinden. Und natürlich um Ihre Gesundheit und darum, was Sie mit Ihrem Körper tun. Sie werden sich erneut Schritt für Schritt in eine hypnotische Trance versetzen. Bitte suchen Sie sich dazu wieder einen möglichst ruhigen Ort, an dem Sie eine Weile ungestört sein können.

DER MAGISCHE AUGENBLICK

Bevor wir nun zur zentralen Hypnose in diesem Kapitel – in diesem Buch – kommen, möchte ich, dass Sie an einen ganz besonders schönen Moment in Ihrem Leben zurückdenken. Das sollte ein Moment sein, an dem Sie sich besonders wohl und entspannt gefühlt haben und an den Sie gerne und vor allem auch ohne Wehmut zurückdenken.

Jeder Mensch hat solche gedanklichen Oasen. Das kann ein Sonnenaufgang in Ihrem letzten Urlaub sein. Ein besonderer Kuss. Ein Nachmittag in der Hängematte. Ein Segeltörn.

Es ist egal, um was es sich handelt, die einzige Voraussetzung ist, dass Sie sich in diesem Moment ganz wunderbar und entspannt gefühlt haben. Ihre Aufgabe ist es nun, sich diesen Augenblick so plastisch wie möglich in Erinnerung zu rufen. Stellen Sie sich dazu Fragen wie: Was ist geschehen? Wo war ich? Was war der besondere Zauber, der diesen Moment aus dem Strom.

aller Momente herausragen ließ? Wie sah die Umgebung aus? Gab es besondere Gerüche? War es warm? Wehte eine frische Brise?

Wenn Sie auf keinen besonderen Moment kommen, können Sie auch einfach einen Ort wählen, an dem Sie sich besonders ausgeglichen und zufrieden fühlen Einen Garten. Eine bestimmte Landschaft. Eine wohlig warme Sauna. Völlig egal, Hauptsache, Sie verbinden mit diesem Ort ein absolutes Wohlgefühl.

Haben Sie Ihren Moment oder Ort gefunden, setzen Sie sich bequem hin. Stellen Sie Ihre Füße fest auf die Erde. Die Hände legen Sie auf die Oberschenkel. Atmen Sie nun tief ein und aus. Tief ein und aus. Lächeln Sie. So, wie es Ihnen inzwischen bestimmt schon zur neuen Gewohnheit geworden ist. Konzentrieren Sie sich nur auf Ihren Atem. Machen Sie, sobald Sie diesen Absatz zu Ende gelesen haben, bitte die Augen zu, um sich mit allen Sinnen in diesen Augenblick oder an diesen Ort zu versetzen. Versuchen Sie, sich alles ganz genau vorzustellen und sich dann voll und ganz auf das schöne Gefühl zu fokussieren, das Sie in diesem Moment durchströmt hat. Dabei atmen Sie weiter tief ein und aus. Sie halten auch Ihr Lächeln. Lassen Sie sich Zeit. Sie haben Zeit. Sobald Sie merken, wie Sie vollständig in dem Wohlgefühl baden, das Ihnen Ihr persönlicher magischer Moment gibt, drücken Sie bitte Daumen und Zeigefinger fest zusammen. Damit verknüpfen Sie einen körperlichen Reiz mit Ihrem wunderschönen Gefühl und machen diesen Reiz damit zu einem Anker. So werden in der Hypnose bewusst konstruierte Auslöser genannt. Nach dem Zusammendrücken der Finger öffnen Sie wieder Ihre Augen.

Üben Sie diese bewusste Erinnerung Ihres magischen Augenblicks am besten auch an den kommenden Tagen immer ganz in Ruhe. Drücken Sie auf dem Höhepunkt des Wohlgefühls jedes Mal Ihre Finger zusammen. Durch die Wiederholung lernt Ihr Unterbewusstsein, dass das Fingerzusammendrücken untrennbar mit dem Wohlgefühl verbunden ist. Hat es das einmal verstanden, haben Sie einen echten Glücksanker zur Verfügung: Wann und wo immer Sie dann in Zukunft Ihren Daumen und Zeigefinger zusammendrücken, stellt sich das Wohlgefühl automatisch und sofort ein, ohne dass Sie sich wieder hinsetzen und bewusst an die Magie des vergangenen Augenblicks erinnern müssten. Sie haben einen Moment unsterblich gemacht.

Dieser Moment ist multifunktional. Er kann Sie aus einem seelischen Tief herausreißen, er kann Ihnen Durchhaltevermögen geben, er kann Sie vor dem Rückfall in alte Gewohnheiten bewahren, und er kann auch das Gelingen einer Hypnose unterstützen. Unter anderem. Wann immer Sie ein Wohlgefühl gut gebrauchen können, steht er Ihnen zur Verfügung. Der magische Moment wird auch im folgenden Skript eine Rolle spielen. Sie müssen mit der Umsetzung des Skripts aber nicht warten, bis Sie Ihren magischen Moment vollständig verankert haben. Sie können mit dem folgenden Skript genauso arbeiten wie mit der Fantasiereise im vorigen Kapitel. Schauen Sie sich die verschiedenen Methoden bitte noch einmal an. Und dann legen Sie los – ändern Sie Ihr Leben für immer.

ATME!

(Schließ die Augen!)
Setz dich bequem hin.
Stell deine Füße fest auf den Boden.
Deine Hände leg auf die Oberschenkel.
Atme tief ein
und durch den Mund wieder aus.
Tief ein
und aus.

Erinnere dich nun an den magischen Moment, an dem du dich besonders wohlgefühlt hast an einem Ort, der dich zutiefst beglückt.
Lass dich ganz in diesen Moment fallen.
In das Wohlgefühl.
Das Glück.
Sehr gut.

Atme noch einmal tief durch die Nase ein
und durch den Mund wieder aus.
Beim Ausatmen fühlst du, wie jede Spannung deinen Körper verlässt.

Und ein zweites Mal:
Atme tief ein
und langsam durch den Mund aus.
Und entspannen.
Sehr gut.

Und noch ein drittes Mal.
Atme tief ein
und durch den Mund aus.

Jede Anspannung fällt von dir ab.
Mit jedem Geräusch,
das du hörst,
(mit jedem Wort, das ich sage)
sinkst du immer tiefer und tiefer
in diesen wunderschönen Zustand
absoluter Entspannung.

Mit jedem Klang, der an dein Ohr dringt,
sinkst du tiefer und tiefer
in diesen wunderschönen und angenehmen
Schlaf des Körpers.

Entspanne deinen Kopf.
Entspanne deinen Hals.
Entspanne deinen Oberkörper.
Entspanne deinen Bauch.
Sehr gut.
Entspanne deine Arme.
Entspanne deine Beine.
Entspanne deinen ganzen Körper,
bis in deine Zehenspitzen hinein.

Stell dir vor,
wie eine Welle der Entspannung
durch deinen Kopf,
durch deinen Oberkörper,
durch deinen Bauch,

durch deine Arme und Beine,
durch deine Füße,
durch deinen ganzen Körper hindurchfließt,
der immer tiefer entspannt.
Tiefer und tiefer.
Sehr gut.

(Ich werde nun rückwärts zählen.)
Mit jeder Zahl wirst du nun
noch tiefer in den wunderschönen Zustand der absoluten Entspannung sinken.
Immer tiefer und tiefer
in diesen wunderschönen, angenehmen Schlaf.

Fünf.
Du spürst deine Atmung.
Atmest ein
und aus.
Mit jedem Ausatmen
entspannst du dich noch viel mehr.
Tiefer und tiefer.

Vier.
Du hältst nun keinen Gedanken mehr fest.
Lässt die Gedanken einfach nur kommen und gehen.
Kommen und gehen.
Und sinkst noch viel tiefer,
entspannst dich noch viel mehr,
mit jedem Gedanken, den du denkst.
Immer tiefer und tiefer.
Sehr gut.

Drei.
Dein Unterbewusstsein öffnet sich jetzt ganz weit.
Und weil du ein so machtvolles Unterbewusstsein hast,
voller Fantasie und voller Kreativität,
wird alles, was du selbst zu dir sagst,
sofort zu deiner Realität.
Du siehst, was du dir sagst zu sehen.
Du hörst, was du dir sagst zu hören.
Du fühlst, was du dir sagst zu fühlen.
Von diesem Moment an
wird alles, was du selbst zu dir sagst,
sofort zu deiner Realität.

Du sinkst tiefer und tiefer
in diesen wunderschönen Zustand
der absoluten Entspannung.
Immer tiefer und tiefer.

Zwei.
Noch viel tiefer.

Eins.
Tiefer und tiefer.

Null.
Du bist jetzt in diesem wunderschönen Zustand
der absoluten Entspannung.
Du hörst deine Atmung.
Du fühlst deinen Körper.
Völlig entspannt.

Und nun wendest du dich an den Teil von dir,
der in der Vergangenheit für das Rauchen/Vapen zuständig war.
Du bist voller Dankbarkeit,
denn du hast verstanden,
was dieser Teil von dir eigentlich wollte:
Er wollte nur atmen.
Ein- und ausatmen.
Ein- und ausatmen.

Du bedankst dich bei ihm,
dass er deine Antenne ist,
die im Kontakt mit deinen Bedürfnissen steht.
Du bedankst dich,
dass er »Achtung« ruft,
wenn es zu viel für dich wird.
Du bedankst dich
für den Moment der Klarheit,
den er dir schenkt.

Du weißt von diesem Moment an,
unbewusst und bewusst,
mit deinem ganzen System,
dass es nur um die Atmung geht.
Und du weißt,
dass du jedes Mal,
wenn dieser Teil sich in dir zu Wort meldet,
du ihm dieses Atmen gönnen wirst.

Jedes Mal, wenn er zu dir sagt:
»Bitte atmen!«,

dann atmest du.
Tief ein und wieder aus.
Für zwei Minuten.
Drei Minuten.

Ganz automatisch
reagiert dein System
von diesem Moment an
mit erfrischender Atmung
und zieht Sauerstoff in den Körper hinein,
der sich dann ohne Hindernisse
im Körper verteilen kann.

Du atmest jetzt tief ein.
Lass den ganzen Körper sich mit Sauerstoff erfüllen.
Genieß den Moment,
wie sich der Sauerstoff in deinem Gehirn und
bis in die äußersten Enden
deines Körpers verteilt.

Spüre und genieße den Moment.
Tief einatmen
und ausatmen.
Schick Sauerstoff in den ganzen Körper,
während du tiefer und tiefer sinkst.
Tiefer und tiefer.

Und jetzt nimm das Wohlgefühl dazu,
das Wohlgefühl, das du
aus dem magischen Moment deines Lebens kennst.

Und nun verbinde dieses Wohlgefühl
mit dem Atmen.

Du atmest tief ein,
fühlst dich wohl,
und nimmst ein Lächeln dazu.
Den ganzen Körper lächeln lassen.
Den Moment des Atmens genießen.

Von diesem Moment an gilt:
Jedes Mal,
wenn du das Signal bekommst:
»Ich will atmen!«,
antwortest du darauf
und atmest
tief ein und aus.

Du tust dir damit etwas Gutes.
Etwas wirklich Gutes.
Du erfährst wirkliche Entspannung.
Wirkliche Klarheit.
Wirkliche Ausgeglichenheit.
Wirkliche Befriedigung.

Du genießt noch kurz diesen Moment,
während du tiefer und tiefer sinkst
und dein Unterbewusstsein
dieses Wissen aufsaugt wie ein Schwamm,
es fest in dir verankert
und zum Automatismus werden lässt.

Von diesem Moment an,
wenn dein Körper zu dir sagt:
»Ich möchte atmen!«,
dann atmest du.
Ganz automatisch.
Wenn du das Signal aus dem Unterbewusstsein
bekommst, das sagt:
»Ich möchte atmen!«,
dann atmest du.

Egal wann.
Zum Kaffeetrinken.
Wenn du zu viel Stress hast.
Im Büro.
Abends beim Bier.

Du weißt genau:
Ganz automatisch,
von ganz alleine,
dass dein Körper atmen will.
Und dann atmest du tief ein und aus.
Du spürst wieder dieses Wohlgefühl.
Dieses unglaubliche Wohlgefühl.
Dieses Selbstvertrauen.
Dieses Glück.
Diese Freude,
wirklich etwas Gutes für dich zu tun,
von diesem Moment an.

Nimm noch einmal einen tiefen Atemzug.
Genieß noch einmal den Moment,

wie sich dein ganzer Körper
mit Sauerstoff erfüllt.
(Nun zähle ich langsam bis fünf.)
Bei jeder Zahl wirst du nun
ein Stück zurückkehren
ins Hier und Jetzt.

Und bei fünf öffnest du deine Augen,
bist wieder ganz zurück im Hier und Jetzt,
fühlst dich vollkommen entspannt,
vollkommen ausgeruht,
voller Energie,
und du bist bereit,
dein neues Leben zu beginnen.
Voller Selbstbewusstsein.
Voller Ausgeglichenheit.
Voller Freiheit.
Und mit dem festen Wissen,
etwas dazugewonnen zu haben.
Lebensqualität.
Deine Lebensqualität.
Und Kontrolle über dein Leben.

Eins.
Du atmest einmal tief ein.
Lass den ganzen Körper sich mit Sauerstoff füllen.
Sehr gut.

Zwei.
Puls und Blutdruck normalisieren sich.

Du wirst leichter und leichter.
Kommst höher und höher.

Drei.
Höher und höher.
Leichter und leichter.
Atme noch einmal tief ein
und aus.

Vier.
Du kommst höher und höher.
Wirst leichter und leichter. Tief einatmen.
Du spürst, wie sich dein ganzer Körper
wie mit kaltem klarem Bergwasser ausfüllt.
Höher und höher.
Leichter und leichter.
Gleich öffnest du deine Augen,
bist wieder zurück im Hier und Jetzt,
mit dem absoluten Wissen,
von diesem Moment an Nichtraucher zu sein.
Und jedes Mal,
wenn du das Signal bekommst zum Atmen,
wirst du atmen.
Ganz frei,
ganz selbstbewusst
und voller Energie.

Fünf.
Augen auf.
Und strecken.

Von diesem Moment an wird Ihr System Sie automatisch an das tiefe Atmen erinnern. Sie müssen auf nichts verzichten. Nicht auf Ihre Pausen. Nicht auf die Stressbewältigung. Nicht auf die Klarheit des Denkens. Sie wissen, dass Sie von diesem Moment an nie wieder Zigaretten oder andere Hilfsmittel brauchen werden, um sich zu entspannen. Um sich etwas Gutes zu tun, benötigen Sie einzig und allein den Sauerstoff, den Ihnen Ihre Atmung zuführt.

Bitte atmen Sie jetzt noch einmal zwei Minuten lang tief ein und aus, um dieses wunderbare Gefühl, das Sie von nun an begleiten wird, in jeder Faser Ihres Körpers zu spüren – dabei natürlich das Lächeln nicht vergessen.

Kapitel 13

Mit voller Kraft voraus: Wie Sie Ihre neu gewonnene Energie in mehr Lebensqualität, Genuss und Fitness verwandeln – und wie Sie mit Klopfzeichen völlige Entspannung herbeilocken

Die wichtigsten Schritte haben Sie getan. Sie sind Nichtraucher oder Nichtraucherin und damit haben Sie auch automatisch kein Verlangen nach dem Vapen. Jetzt gilt es, dabei zu bleiben. Ich möchte Ihnen im Folgenden zeigen, wie Sie in Ihr neues Leben ohne Zigarette und ohne Dampfen genussvoll eintauchen können. Gerade in den ersten Wochen und Monaten ist es wichtig, bewusst darauf zu achten, sich Gutes zu tun. Sich selbst mit Belohnungen zu verwöhnen. Alles dafür zu tun, dass Sie sich wohlfühlen. So lange, bis sich Ihre neuen Gewohnheiten als dauerhafte Erinnerungsspur aus neuronalen Verknüpfungen in Ihrem Gehirn etabliert haben, mit anderen Worten: bis diese wirklich automatisiert sind. Aber eigentlich gibt es keinen vernünftigen Grund, irgendwann mit dem Wohlfühlen aufzuhören, finden Sie nicht?

Es ist auf alle Fälle wichtig, die neu gewonnene Energie sinnvoll und genussvoll umzusetzen. Und mehr Energie werden Sie haben, jede Menge davon. Seien Sie sich darüber im

Klaren, dass Ihr Körper nun durch das Mehr an Sauerstoff aufwachen wird. Man kann sich das so vorstellen, dass der Körper und auch der Geist eines Rauchers oder einer Raucherin immer in einer Art Sparmodus laufen, weil sie durch die Mangelversorgung gezwungen sind, auf einem niedrigen Energieniveau zu operieren. In dem Augenblick, in dem Sie aufhören, Ihrem Körper Kohlenmonoxid zuzuführen, ist es so, als würden Sie ein Arzneimittel absetzen, das Sie als Nebenwirkung jahrelang gedämpft und Ihnen Energie geraubt hat. Der Sauerstoff hat nun wieder Platz, an den Eisenatomen des Hämoglobins anzudocken und so den Körper bis in die letzte Zelle mit erfrischendem Sauerstoff zu versorgen. Sie werden von Tag zu Tag wacher und wacher. Manche frisch gebackenen Nichtraucher und Nichtraucherinnen verwechseln das mit Nervosität und glauben, eine Entzugserscheinung zu erleben. Dabei ist diese Veränderung eine durch und durch positive. Immer dann, wenn Sie etwas in der beschriebenen Art spüren, werden Sie sich klar darüber, dass gerade etwas Wunderbares mit Ihnen geschieht: Sie werden wach!

Auch Menschen, die bisher gedampft haben, verabschieden sich mit ihren neuen Gewohnheiten von unzähligen ungesunden Stoffen, die den Körper belasten. Auch sie werden darum ein neues Körpergefühl entwickeln und sich wacher und präsenter fühlen, wenn diese Veränderung vielleicht etwas subtiler ist als bei Menschen, die viele Jahre Tabak geraucht haben.

Endlich: Sport ist kein Mord mehr

Vermutlich haben Sie schon einmal bemerkt, dass Raucher selten regelmäßig Sport treiben. Das lässt sich ganz simpel mit dem Sparflammenmodus erklären – Rauchern fehlen die Energie und die Ausdauer, um Spaß an Sport zu haben. Das heißt, den Rauchern fehlt Sauerstoff, nicht mehr und nicht weniger. Winston Churchill, der Schöpfer des »Sport ist Mord«-Ausspruchs, war bekanntlich starker Zigarrenraucher.

Umgekehrt ist Ihnen mit Sicherheit auch schon einmal aufgefallen, dass Sportler selten rauchen. Das hat damit zu tun, dass Sportler ihr Bedürfnis nach tiefer Atmung ganz wunderbar und nachhaltig mit körperlicher Aktivität befriedigen. Sport ist außerdem ein hervorragendes Mittel, um Stress und Rastlosigkeit zu kanalisieren. Stresshormone werden dabei zügig und vollständig abgebaut, statt im Körper zu zirkulieren. Auch belastende Gedanken verflüchtigen sich, weil ein konzentriert ausgeübter Sport immer eine meditative Sache ist. Wer sich auf Bewegungsabläufe konzentriert, hat keinen Platz im Kopf für Stressgedanken. Regelmäßiger, moderater Sport – und sei es nur Spazierengehen – schützt so auch vor Depressionen. Obendrein wird das Immunsystem angeregt, und es wird Herz-Kreislauf-Krankheiten vorgebeugt. Menschen, die sich täglich nur eine halbe Stunde bewegen, haben ein erheblich geringeres Risiko, irgendwann einen Herzinfarkt zu erleiden – darin sind Alltagsaktivitäten mit eingerechnet, wenn Sie etwa zum Supermarkt gehen, statt zu fahren, oder Ihren Sprössling mit dem Fahrrad vom Kindergarten abholen. Auch das Risiko für Dickdarmkrebs, Brustkrebs, Osteoporose und spätere Demenz lässt sich mit regelmäßiger Bewegung deutlich verringern, das belegen neuere Studien. Sogar dann noch, wenn man erst spät damit anfängt. Wer beispielsweise 7000 Schritte pro Tag geht, das sind im Schnitt nur etwas mehr als drei Kilometer, senkt sein Krebsrisiko bereits umd elf Prozent, bei 9000 Schritten –

etwas über vier Kilometer – ist es bereits sechzehn Prozent geringer. Auch das Rückfallrisiko nach Krebserkrankungen sinkt deutlich.

Jetzt ist darum der ideale Zeitpunkt, mit einer neuen Sportart zu beginnen – oder eine frühere zu reaktivieren, die Sie jahrelang vernachlässigt haben. Sie schlagen damit gleich mehrere Fliegen mit einer Klappe. Sport bekämpft, wie Sie gerade gelesen haben, vieles, dessen Sie früher mit dem Anzünden einer Zigarette Herr werden wollten. Außerdem können Sie so peu à peu die gesundheitlichen Schäden ausgleichen, die Sie sich jahrelang mit den Zigaretten zugefügt haben – das geht, denn Ihr Körper regeneriert sich unaufhörlich! Außerdem beugen Sie so auch ganz nebenbei einer Gewichtszunahme vor, die viele ehemalige Raucherinnen und Raucher fürchten. Das geht besonders gut, wenn Sie die Tagesstruktur Ihrer ehemaligen Rauch- oder Dampfgewohnheit nutzen, um genau dann Mini-Sporteinheiten in Ihren Tag einzubauen – wie ich es Ihnen im nächsten Kasten vorschlage.

Sie werden beim Sport noch deutlicher spüren, dass sich in Ihrem Körper etwas zum Positiven verändert hat. Da, wo Sie früher aus der Puste kamen, halten Sie jetzt locker durch, wo Sie als Raucher entnervt und überanstrengt aufgegeben haben, machen Sie jetzt mit Energie weiter. All das sind tolle Erfolgserlebnisse! Wenn Sie nur wenig Zeit für ein neues Sporthobby haben, lohnt es sich, mehr Bewegung in Häppchen in den Alltag einzubauen: Nehmen Sie endlich wieder das Fahrrad, steigen Sie Treppen, gehen Sie zu Fuß. Besorgen Sie sich fürs Büro einen Sitzball oder ein Ballsitzkissen und kanalisieren Sie Ihr Mehr an Energie ins Hüpfen, Kreisen oder Schaukeln. Legen Sie sich ein paar leichte Hanteln auf den Schreibtisch – es gibt unzählige Möglichkeiten.

MINIMOTION – FIT STATT KIPPE

Keine Zeit für Sport? Wie wäre es dann mit einem Experiment? Probieren Sie mal eine Woche lang aus, Mini-Bewegungsrituale in Ihren Tag einzubauen. Die führen Sie nicht irgendwann aus, sondern immer dann, wenn Sie früher zu Zigaretten oder Vapes gegriffen hätten. Sie könnten es sich zum Beispiel zur Gewohnheit machen, immer, wenn Sie vor dem Computerbildschirm müde werden oder das Gefühl haben, eine Pause zu brauchen, eine kleine Sporteinheit zu absolvieren. Dabei vergessen Sie bitte nicht Ihre Wassertrinkgewohnheit – wenn Sie sich mehr bewegen, benötigen Sie umso mehr Flüssigkeit. Nehmen Sie sich jeden Tag eine andere einfache Gymnastik- oder Yogaübung vor, die Sie in jeder Ihrer Minipausen zwei, drei Minuten lang turnen – eben genau so lange, wie Sie früher für eine Zigarette gebraucht haben. Dabei das Lächeln nicht vergessen – tief atmen werden Sie von ganz allein. So bekommen Sie neue Energie, gute Laune und werden, ganz nebenbei und ohne Zeitverlust, fit wie ein Turnschuh. Und natürlich ist es erlaubt, nach der Testwoche weiterzumachen.

Neue Geschmacksexplosionen

Noch etwas Wunderbares wartet insbesondere auf ehemalige Tabakraucherinnen und -raucher: Sie werden wieder besser schmecken können, weil sich die Geschmacksknospen im Mund und die Sinneszellen Ihrer Riechschleimhaut in der Nase, die durch den Tabak unempfindlicher geworden sind, regenerieren. Schon nach ein paar Tagen werden Sie bemerken, dass Sie differenzierter schmecken. Feine Nuancen, besondere Gewürze und raffinierte Zutaten haben nun endlich wieder eine Chance, von Ihnen wahrgenommen zu werden. Das eröffnet Ihnen eine völlig neue Welt der Sinnlichkeit.

Verwechseln Sie das bitte nicht mit Appetit. Sie müssen nicht mehr essen, auch wenn es so natürlich wieder mehr Spaß macht zu essen. Um das zu genießen, brauchen Sie nicht mehr Nahrung, im Gegenteil. Genießen Sie stattdessen! Zelebrieren Sie jeden einzelnen Bissen. Kauen Sie langsam und andächtig. Machen Sie Pausen und trinken Sie einen Schluck Wasser. Oder, je nach Gelegenheit, einen Schluck Wein. Wer erkannt hat, dass seine Lust auf Essen einfach damit zu tun hat, dass es besser schmeckt, isst meist automatisch langsamer. Dann wird jeder kleine Bissen ausgekostet, er zerfließt auf der Zunge. Durch das langsame Essen wird es wiederum einfacher, auf das natürliche Sättigungsgefühl zu hören. So können Sie als Nichtraucherin oder Nichtraucher sogar schlanker werden!

Der Zauber des Slow Food: Kochen und Essen als Meditation

Falls Sie aber tatsächlich Sorge haben zuzunehmen, nachdem Sie mit dem Rauchen oder Dampfen aufgehört haben, empfehle ich Ihnen noch etwas, was Sie im ersten Moment vielleicht überraschen wird: Machen Sie Essen zu Ihrem Hobby! Werden Sie Gourmet! Besorgen oder wünschen Sie sich schöne Kochbücher. Kaufen Sie erlesene Zutaten, am besten auf dem Markt, wo Sie die Zutaten riechen und befühlen, also sinnlich erleben können. Machen Sie einen Kochkurs. Bereiten Sie ganz in Ruhe großartige Mahlzeiten zu, statt wie früher Fast Food in sich hineinzustopfen. Machen Sie die Zubereitung Ihrer Mahlzeiten und die Nahrungsaufnahme zum sinnlichen Erlebnis. Probieren Sie neue, duftende Gewürze aus. Trinken Sie beim Kochen langsam und genussvoll einen edlen Tropfen. Auch wenn die Zutaten vielleicht verhältnismäßig teuer erscheinen, werden Sie nicht mehr Geld ausgeben als zuvor, weil Sie gleichzeitig seltener auswärts essen. Außerdem haben Sie ja ohne Zigaretten oder E-Zigaretten und die zugehörigen Liquids auch einiges an Geld eingespart.

Auf alle Fälle gilt: Verbieten Sie sich bloß keine Leckereien – das macht die nämlich ganz besonders attraktiv. Wenn Sie dagegen Ihr Bedürfnis nach kulinarischem Luxus befriedigen und möglichst langsam und andächtig essen, können Sie sogar Kalorienreiches genießen, ohne dabei zuzunehmen. Nicht nur, weil Sie so Ihren Sättigungspunkt nicht verpassen. Es kommt nämlich nicht allein auf den objektiven Energiegehalt unserer Nahrung an: Es gibt Hinweise, dass unsere innere Einstellung mitisst und mitbestimmt, wie viel der Energie, die wir uns zuführen, auch gespeichert wird. Hat unser Unterbewusstsein den Eindruck, sich in Notzeiten zu befinden – etwa bei einer Diät oder wenn jemand vor jedem Bissen ängstlich zögert –, wird den Körpersystemen signalisiert, so viel Energie wie eben möglich zu speichern. Zu dem Ergebnis kam etwa eine Studie der renommierten Yale-Universität, in der zwei Gruppen von Versuchspersonen den gleichen Milchshake zu sich nahmen. Eine Gruppe war dabei der Ansicht, es handele sich um ein reichhaltiges Getränk mit Sahne und viel Kalorien. Der anderen wurde erzählt, der Drink sei ein Diätprodukt. Daraufhin schüttete die vermeintliche »Diät«-Gruppe weniger Sättigungshormon Ghrelin aus als die Gruppe, die glaubte, sich richtig etwas zu gönnen. Essen Sie also entspannt. Dann versteht das Unterbewusstsein, dass jederzeit genügend Nahrung zur Verfügung steht und dann muss auch nicht so viel gebunkert werden. Dann macht selbst eine fette Pizza nicht dick – aber glücklich! Probieren Sie mit der folgenden Übung, wie viel Spaß es macht, sich etwas mit allen Sinnen zu gönnen.

DAS RITUAL DES PERFEKTEN GENUSSES

Gibt es eine Süßigkeit, die Sie besonders gerne mögen, die Sie sich aber immer versagen, weil Sie denken, dass sie dick macht? Besorgen Sie sich genau diese Leckerei. Ab sofort dürfen Sie immer so viel davon essen, wie Sie möchten – unter einer Bedingung: Sie machen aus dem Genuss ein bewusstes Ritual. Suchen Sie sich dazu einen angenehmen Ort, machen Sie es sich gemütlich. Nehmen wir mal an, es handelt sich bei Ihrer Lieblingssüßigkeit um Pralinen. Dann öffnen Sie langsam und voller Vorfreude die Packung. Wählen Sie eine Praline aus, die Sie essen möchten. Betrachten Sie sie zunächst. Schnuppern Sie daran. Erst mit offenen, dann mit geschlossenen Augen. Dann beißen Sie langsam ein Stückchen ab. Legen es auf die Zunge. Fühlen es dort. Drücken es gegen den Gaumen. Spüren, wie es zerfließt, wie es dabei den Geschmack verändert. Schmecken die Süße und alle anderen Aromen – das Bittere der Schokolade, die Füllung –, die in diesem kleinen Stückchen Praline enthalten sind. Lassen Sie das Pralinenstückchen nun, bei weiterhin geschlossenen Augen, langsam im Munde zergehen. Kosten Sie es vollkommen aus. Erst dann schlucken Sie es hinunter – und nehmen das nächste Stückchen. Wenn Sie möchten, essen Sie auf diese Weise die ganze Packung. Wahrscheinlich ist allerdings, dass Sie bereits nach einer Praline so erfüllt von diesem Geschmackserlebnis sind, dass es Ihnen erst einmal reicht. Sie wissen ja: Sie dürfen jederzeit zugreifen, darum gibt es keine Eile. Viel Spaß beim Entdecken einer neuen Welt der Sinnlichkeit.

Die Details nicht vergessen

Es ist wichtig, dass Sie neben dem Grundbedürfnis des tiefen Atmens auch noch an all die kleinen Details denken, die früher mit dem Rauchen der Zigarette oder mit dem Vapen einhergingen und die, genauso wie etwa die Pausen, mit zu Ihrer Gewohnheit gehörten.

Ich denke da zum Beispiel an Ihre Finger. Die hatten mit der Zigarette oder auch der E-Zigarette immer etwas zu tun. All die Jahre, die Sie Raucher waren, haben sich Ihre Finger daran gewöhnt, etwas zu halten, während Sie, mithilfe Ihres besonderen Accessoires, geatmet haben. Auch Ihre Lippen haben sich daran gewöhnt, die Zigarette zu umschließen. Diese Feinheiten sind zunächst noch als Elemente Ihrer alten Gewohnheit mit in Ihrer Erinnerung festgeschrieben. Wenn sie auch nicht im Zentrum der Gewohnheit standen – das war natürlich das Atmen –, lohnt es sich, auch diesen vermeintlichen Kleinigkeiten Aufmerksamkeit zu schenken. Es wäre ja nicht schön, wenn Sie in Ihre alte Rauchgewohnheit zurückfielen, nur weil Sie plötzlich das unwiderstehliche Bedürfnis haben, Ihre Finger zu beschäftigen. Oder Sie sich ununterbrochen etwas in den Mund stopften, weil Ihre Lippen signalisierten, beschäftigt werden zu wollen. Um dieses Bedürfnis zu befriedigen, nehmen manche ehemalige Raucher und Raucherinnen eine altmodische Zigarettenspitze zu Hilfe, die sie bei Bedarf wie eine Zigarette zwischen die Lippen stecken. Das hat allerdings den Nachteil, dass man diesen Teil der Gewohnheit nicht loswird, was die Gefahr eines Rückfalls erhöht – falls man zum Beispiel die Zigarettenspitze einmal nicht griffbereit hat.

Verborgene Energiebahnen des Körpers nutzen

Die Technik, die ich Ihnen nun zeigen werde, basiert auf der Traditionellen Chinesischen Medizin (TCM). Dort geht man davon aus, dass Energiebahnen durch unseren Körper verlaufen, die sogenannten Meridiane. Durch sie fließt der TCM zufolge die Lebensenergie Qi. Im Hinduismus und im Yoga wird die gleiche Energie Prana genannt, was so viel wie »Lebensatem« oder »Lebenshauch« bedeutet.

Diese Energiebahnen sind mit allen Bereichen des Körpers verbunden. Entlang ihres Verlaufs lassen sich bestimmte Punkte lokalisieren, deren Stimulierung auch eine Stimulierung der assoziierten Körperbereiche zur Folge hat. Sie kennen das zum Beispiel aus der Akupunktur, deren Wirkung ja inzwischen sogar in der Schulmedizin anerkannt ist und die auch dort zum Teil angewendet wird. Man muss diese Punkte aber nicht unbedingt mit Nadeln anstechen, wie das in der Akupunktur gemacht wird. Man kann sie auch bewusst drücken, diese Methode nennt man Akupressur. Als besonders effektiv hat es sich aber erwiesen, die Punkte zu klopfen. Die Technik des Klopfens findet man unter verschiedenen Namen. Manche sprechen von Klopfakupressur, andere von »EFT«, das ist die Abkürzung für »Emotional Freedom

Techniques«, übersetzt bedeutet das »Techniken für emotionale Freiheit«. Ich finde diesen Namen recht treffend. Er deutet an, dass man über das Stimulieren der Energiepunkte emotional unabhängig von vermeintlichen Bedürfnissen und Zwängen werden kann, weil diese Stimulation das Bedürfnis zu ersetzen vermag. Kurz, mit der Klopftechnik können Sie sich zum Beispiel unabhängig davon machen, etwas in der Hand oder zwischen den Lippen haben zu wollen – und auch von vielen anderen kleinen Gewohnheiten. Ich habe daran angelehnt ein lustiges Ritual zusammengestellt, das Sie immer dann machen können, wenn Sie das Gefühl haben, dass Sie gerade nicht nur das Grundbedürfnis des Atmens befriedigen wollen, sondern auch das Bedürfnis, sich an etwas festzuhalten.

KLOPF DICH ENTSPANNT

Auch diese Übung beginnt natürlich mit der tiefen Atmung. Bitte atmen Sie also wiederum tief durch die Nase ein und durch den Mund aus. Und noch einmal: tief einatmen und wieder aus. Lächeln nicht vergessen! Machen Sie das bitte fünfmal hintereinander. Fühlen Sie, wie dabei Ihr ganzer Körper entspannt.

- Nehmen Sie nun die beiden Finger, mit denen Sie immer geraucht haben, also aller Wahrscheinlichkeit nach den Mittel- und Zeigefinger der rechten Hand.
- Mit diesen beiden Fingern klopfen Sie am inneren Ende Ihrer rechten Augenbraue. Wenn Sie mit links

geraucht haben, nehmen Sie die linke Hand und die linke Augenbraue (und auch für alle weiteren Punkte die linke Gesichtshälfte). Während Sie klopfen, sagen Sie bitte viermal ganz laut das Wort »Entspannung«.

- Dann wechseln Sie zum Bereich neben dem äußeren Augenwinkel. Klopfen Sie auch dort mit den beiden Fingern und sagen Sie dazu viermal laut das Wort »Entspannung«.
- Nun wandern Sie unter das Auge und klopfen dort genau in der Mitte auf das Jochbein. Sagen Sie auch hier viermal das Wort »Entspannung«.
- Jetzt wechseln Sie zum Bereich in der Mitte über der Oberlippe und tun hier das Gleiche.
- Dann gehen Sie in die Kuhle unter der Unterlippe. Auch hier wiederholen Sie das Klopfen und den Begriff »Entspannung«.
- Anschließend klopfen Sie sich auf das Brustbein, direkt unter der kleinen Grube zwischen den Schlüsselbeinen, auf das sogenannte Jugulum.
- Zum Schluss klopfen Sie sich noch auf die Handkante unter dem kleinen Finger der anderen Hand.
- Bitte nicht vergessen, während jedes Klopfens viermal »Entspannung« zu sagen.

Nach dem ersten Durchgang schieben Sie noch einen zweiten hinterher: Klopfen Sie wieder zunächst an der Innenseite der Augenbraue, dann neben dem Auge und so weiter. Und dann noch ein drittes und ein viertes Mal. Das ist schnell erledigt und lohnt sich.

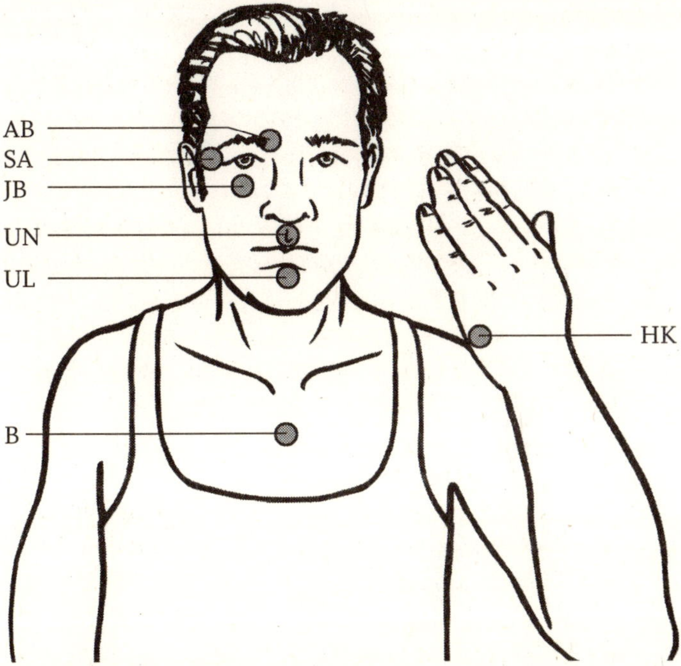

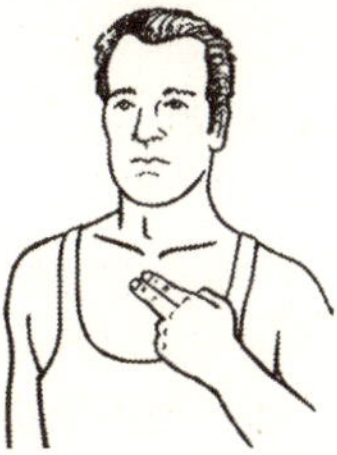

Legende:
AB = Augenbrauenpunkt
SA = Punkt seitlich des Auges
JB = Jochbeinpunkt
UN = Punkt unter der Nase
UL = Unterlippenpunkt
B = Brustpunkt
HK = Handkantenpunkt

Die Bewegungsabfolge kommt Ihnen im ersten Augenblick sicher merkwürdig vor, aber dieses kleine Ritual ist sehr wirksam. Einmal werden dabei die erwähnten Energiebahnen stimuliert, was harmonisierend auf den ganzen Körper wirkt. Das werden Sie sofort merken. Das in Zeiten als Raucherin, Raucher, Vaperin oder Vaper so vernachlässigte Körpergefühl bekommt neue Impulse. Außerdem beziehen Sie die Finger mit ein, die einst die Zigarette hielten. Sie beziehen die Lippen mit ein, zwischen die Sie früher die oder das Mundstück geschoben haben, und Sie beziehen den Brustkorb mit ein, hinter dem sich Ihre Lunge befindet, der ja ebenfalls eine Hauptrolle beim Rauchen zukam.

Die ganze Aktion wird obendrein mit Entspannung verknüpft. Das geschieht auf mehreren Ebenen:

Auf der ersten, der körperlichen Ebene, löst bereits das Klopfen selbst Spannungen. Wer sich einmal in einem Anatomieatlas ein Bild der Gesichtsnerven ansieht, begreift sofort: Die Klopfpunkte auf den Meridianen liegen auf tatsächlichen Nervenbahnen. Diese werden durch das Klopfen angeregt, entspannende Signale an Muskeln und Gewebe, aber auch ins Gehirn zu schicken.

Die zweite Ebene ist eine psychische. EFT-Profis ordnen jedem Punkt einen psychischen Bereich zu, der durch das Klopfen ins Gleichgewicht gebracht werden kann. Das Klopfen des Augenbrauenpunkts (AB) soll sich etwa – unter anderem – positiv auf Frust und Rastlosigkeit auswirken. Das Stimulieren des Punkts seitlich des Auges (SA) wirkt befreiend bei unterdrückter Wut. Wird unter dem Auge aufs Jochbein geklopft (JB), so hilft das bei Ängsten und Nervosität. Der Punkt unter der Nase (UN) ist der Verlegenheit zugeordnet, der unter der Unterlippe (UL) der Scham, das Klopfen des Handkantenpunkts (HK) lindert Traurigkeit. Sie merken es schon: Hier haben wir es allesamt mit Emotionen zu tun, bei denen Menschen mit Rauch- oder Dampfgewohnheit gerne zu ihren giftigen Tröstern greifen.

Der Punkt unter der kleinen Grube zwischen den Schlüsselbeinen fällt aus der Liste etwas heraus: Klopft man hier, wird keine Emotion angesprochen, sondern, ganz physisch, das Immunsystem angeregt. An dieser Stelle unter dem Brustbein liegt nämlich die Thymusdrüse, die zum Lymphsystem des Körpers gehört. Bei Kindern steht sie noch in Saft und Kraft, bei Erwachsenen ist sie meist schon stark geschrumpft und nicht mehr so aktiv – eine Klopfbehandlung erweckt sie zu neuem Leben.

Auf der dritten Ebene schließlich wirkt das Wort »Entspannung« wohltuend auf Ihre Psyche – und damit entspannt in einer Folgereaktion automatisch auch der Körper. Allein dieses Wort löst eine Kaskade von unbewussten Assoziationen aus. Assoziationen an entspannende Erlebnisse – vom Saunabesuch übers Mittagsschläfchen bis zum Waldspaziergang – und natürlich das Gefühl der Entspannung selbst. Aber bitte missverstehen Sie mich nicht: Dabei erscheinen selten tatsächliche Erinnerungen vor dem inneren Auge, denn das Ganze spielt sich im Unbewussten ab. Die unbewusst angestoßenen Erinnerungen dienen als Handlungsvorschläge für Ihr Unterbewusstsein, das nun alles daransetzt, den Befehl »Entspannung« unmittelbar umzusetzen.

Das Ergebnis: Sie fühlen sich augenblicklich entspannt. Und Sie müssen sich nicht wundern, wenn Sie nach dem Klopf-Ritual plötzlich große Lust bekommen, im Wald spazieren zu gehen oder endlich mal wieder einen Kuchen zu backen, falls das für Sie persönliche Entspannungs-Highlights sind oder waren.

Sie sehen, dieses kleine Ritual ist ein wahres Multitalent.

Zu Beginn Ihres Daseins als jemand, der weder raucht noch dampft empfehle ich Ihnen darum, diese Übung mindestens alle zwei Stunden zu machen. Oder immer dann, wenn Sie von Ihrem Körper das Signal bekommen: »Ich möchte jetzt atmen!« Natürlich können Sie das Ritual dort durchführen, wo Sie keiner sieht. Wenn Sie Angst haben, dass Sie jemand für verrückt hält, wäre das nämlich kontraproduktiv. Aber vielleicht macht es Ihnen ja auch gar nichts aus. Dann sage ich: Nur zu! Schließlich standen Sie auch früher mit der Zigarette oder der E-Zigarette an öffentlichen Plätzen herum. Eigentlich gibt es ja nichts Verrückteres, als sich freiwillig mit einem giftigen Stäbchen oder giftigem Dampf zu schaden – obwohl doch der Körper nichts anderes tun möchte als zu atmen.

Beginnen Sie immer mit der bewussten tiefen Atmung und dem Lächeln, wie Sie es nun schon so oft getan haben. Gehen Sie dann zum Klopfen über. So gewöhnt sich Ihr System daran und bekommt neben der Entspannung ein Ventil für das mit dem Rauchen oder Vapen gelernte Bedürfnis, Finger und Lippen zu beschäftigen.

Sie werden sehen, dass Sie mit dieser Übung einen durchschlagenden Erfolg haben werden – und sich dabei wohl wie nie fühlen. Trainieren Sie die kurze Abfolge, bis Sie sie im Schlaf können. Das geht sehr schnell. Sie werden dafür reich belohnt. Mit einem Gefühl der Leichtigkeit, der Energie und nicht zuletzt der Selbstbestimmung, weil Sie unabhängig sind. Sie sind nicht mehr Sklave Ihres vermeintlichen Verlangens.

Kapitel 14

Aber sicher: Warum Ihr Unterbewusstsein ein Sammler ist, und wie Sie ein Netz spannen, das Sie vor Rückfällen bewahrt

In den ersten Monaten in Ihrem nigelnagelneuen Leben als ein Mensch, der es weder nötig hat zu rauchen noch zu dampfen ist es nicht nur wichtig, für Genuss zu sorgen. Sie sollten sich auch weiterhin aktiv darum bemühen, dass Ihr fleißiger Mitarbeiter mit der Spezialantenne für Ihre Bedürfnisse bei der »Umschulung« zum Durchatmenspezialisten am Ball bleibt. Es ist darum empfehlenswert, noch mindestens einige Monate weiterhin hypnotische Techniken anzuwenden, um Ihr Unterbewusstsein – und damit sich selbst – davor zu bewahren, bei unerwarteten Ereignissen, wie etwa plötzlichem großem Stress, doch wieder in alte Gewohnheiten zurückzufallen. Ihr Unterbewusstsein muss merken, dass es die wichtige Aufgabe hat, Sie in *sämtlichen* Lebenslagen zu unterstützen.

Wenn Sie dieses Buch Kapitel für Kapitel gelesen und alle Übungen mitgemacht haben, haben Sie bis hierher schon für jede Menge neuer neuronaler Verknüpfungen in Ihrem Gehirn gesorgt, die dabei sind, Ihre alte Rauchergewohnheit zu einer neuen Durchatmengewohnheit »umzuprogrammieren«. Vollständig löschen lassen sich einmal etablierte Gewohnheiten nämlich nicht. Unser Unterbewusstsein ist ein Sammelfreak – Wegwerfen ist ausgeschlossen. Es handelt immer nach der Devise: Könnte man ja vielleicht noch mal brauchen, und Platz ist schließlich genug da. Das hat mal wieder stammesgeschichtliche Gründe: Im Lauf der Evolution war es nützlich, einmal erworbene Fertigkeiten auf lange Zeit zu speichern, auch wenn sie eine Weile nicht benötigt wurden. Wenn unsere Vorfahren etwa einmal gelernt hatten, mit einem Speer zu jagen, so konnte diese Fähigkeit ihr Überleben sichern, auch wenn sie diese zwischenzeitlich nicht gebraucht haben. Darum verlernen wir auch das Radfahren nicht, selbst wenn wir viele Jahre auf keinen Drahtesel steigen. Aus dem gleichen Grund muss man unerwünschte Verhaltensmuster austricksen, indem man sie nach und nach verändert. Dabei nutzen Sie dann die neuronalen Muster, die das Dopamin geschaffen und die das Protein DeltaFosB haltbar gemacht hat, für etwas Neues und durch und durch Positives.

Wenn Sie die bisherigen Auslöser der Gewohnheit identifiziert haben und den Griff zur Zigarette oder dem Vaping-Gerät mit attraktiven Handlungsalternativen überflüssig machen – also genau das, was wir bis hierhin getan haben –, ist es absolut möglich, die alte unerwünschte Gewohnheit nach und nach in eine erwünschte neue Gewohnheit umzuwandeln. Der einzige Haken: Das ist ein Prozess. Und wie das Prozesse so an sich haben, dauert das eine Weile. Diesen Vorgang haben Sie bereits bedeutend verkürzt, indem Sie ihn mithilfe der Hypnose per Express in Ihr Unterbewusstsein genommen haben.

Trotzdem profitiert Ihr Unterbewusstsein von positiver Rückkopplung. Also der Bestätigung, dass Sie nicht nur sagen

»Ich bin Nichtraucher« oder »Ich bin Nichtraucherin« – was bedeutet, dass ich nicht nur nicht rauche, sondern auch nicht vape –, sondern auch eine Weile danach leben, um diesen neuen Glaubenssatz tatsächlich als wahr anzuerkennen. Kurz: Mit jedem Tag, den Sie sich wie eine Nichtraucherin oder ein Nichtraucher verhalten, werden Sie mehr zu einer Nichtraucherin oder einem Nichtraucher.

Das Netz, das Sie vor Rückfällen in alte Verhaltensmuster bewahrt

Ihr Unterbewusstsein profitiert davon, wenn Sie ihm Ihre neue Erwartung an sich selbst – dass Sie von nun an Nichtraucher sind – in verschiedenen Formen präsentieren. Nicht jeder Mensch spricht nämlich auf jede Übung, jedes Ritual, jedes Hypnoseskript auf gleiche Weise an. Darum ist es wichtig, nicht immer mit der gleichen Übung und dem gleichen Skript zu arbeiten, sondern zu variieren. Das macht nicht nur mehr Spaß, sondern jede weitere Übung bildet auch weitere neuronale Verknüpfungen, die sich wie ein Netz über verschiedene Gehirnareale erstrecken. Je dichter Sie dieses Netz weben, umso stabiler wird Ihr Selbstverständnis als Nichtraucher.

Aus diesem Grund möchte ich Ihnen jetzt noch einen weiteren hypnotischen Weg in Ihr Unterbewusstsein weisen, nämlich den über die sogenannten Deklarationen. In meiner Praxis arbeite ich mit meinen Coachees viel mit dieser Technik. Deklarationen sind positive, sehr wirksame Statements, die neue, positive Informationen im Unterbewusstsein speichern und verankern. Im Gegensatz zu Hypnoseskripts, die sich per »Du« an das Unterbewusstsein wenden, werden Deklarationen aus der Ich-Perspektive heraus formuliert. Sie sind damit eine klare Absichtserklärung und gewinnen daraus eine starke, verpflichtende Zugkraft.

Vielleicht sprechen Sie die Deklarationen sofort an, vielleicht müssen Sie sich erst einmal daran gewöhnen und brauchen ein wenig Zeit, um sie völlig anzunehmen. Deklarationen sind sehr effektiv. Sie nehmen nicht viel Zeit in Anspruch. Sie können sich mit ihnen beschäftigen, wenn Sie sich auf Ihren Tag vorbereiten, oder im Bett kurz vor dem Einschlafen. Wenn Sie sie laut lesen und dabei aufnehmen, können Sie sie von Ihrem Smartphone oder MP3-Player auch beim Joggen oder im Fitnessstudio anhören. Sie können sie, genau wie ein Hypnoseskript, auch einfach »nur« lesen. Ich empfehle Ihnen, wenn möglich, jede Aussage laut zu wiederholen. Noch effektiver wird es, wenn Sie sich dabei in einem Spiegel tief in die Augen schauen. Dadurch wird jede Deklaration zu einem Versprechen an Sie selbst. Legen Sie dabei die Hände auf Ihr Herz oder Ihren Bauch, um dort die Resonanz Ihrer Stimme in Ihrem Körper zu spüren.

Falls Sie sich gerade nicht an einem Ort befinden, wo Sie die Deklarationen laut aussprechen können, wiederholen Sie sie bitte leise in Gedanken. Um die besten Resultate zu erzielen, möchte ich, dass Sie die Aussagen mit Gefühl füllen. Fühlen Sie das, was Sie sagen, tief in sich. Fokussieren Sie sich auf die Aussagen. Stellen Sie sich das Gesagte vor, fühlen Sie es mit jeder Faser Ihres Körpers. Alles besteht aus Energie. Das meine ich ganz konkret. Es ist tatsächlich so: Die Energie folgt der Aufmerksamkeit, erinnern Sie sich an den wachsenden Finger. Mit positiven Deklarationen lassen Sie Ihr Unterbewusstsein zu einem kraftvollen Magneten werden, der positive Veränderung in Ihrem Leben Wirklichkeit werden lässt.

Bitte suchen Sie sich möglichst eine Position, in der Ihr

Körper aufrecht, aber ganz entspannt ist. Sie sollen nicht einschlafen, aber auf keinen Fall eingeengt sein oder sich in einer unbequemen Haltung befinden. Machen Sie es sich so richtig bequem. Auch hier wirken Kerzenschein und leise abgespielte klassische Musik unterstützend, weil sie die hypnotischen Alphawellen hervorlocken.

Lesen Sie dann mit voller Konzentration folgendes Deklarationsskript:

Meine Deklaration: Ich rauche nicht

Mit jedem Atemzug erschaffe ich einen glücklichen und gesunden Körper.
Mit jedem Atemzug entspanne ich mich immer mehr.
Mit jedem Atemzug werde ich glücklicher und glücklicher.
Mit jedem Atemzug entspanne ich mich immer mehr.
Mit jedem Atemzug werde ich glücklicher und glücklicher.
Fühle mich freier und freier.

Atmen heißt leben.
Atmen heißt sein.
Atmen heißt entspannen.

Ich bin Nichtraucherin/Nichtraucher.
Ich rauche nicht.
Ich vape nicht.

Ich fühle mich voller Energie,
absolut motiviert
und inspiriert,
weil mein Körper diese Energie verarbeitet.

Ich rauche nicht.
Ich vape nicht.

Aus meinem Herzen heraus
vergebe ich all das,
was mich in der Vergangenheit verletzt hat.
Ich akzeptiere mich voll und ganz,
so, wie ich bin.
Ich fühle mich absolut sicher
mit mir selbst.
Ich akzeptiere voll und ganz
meinen Körper.

Jeden Tag und jede Sekunde
treffe ich weise und gesunde Entscheidungen.
Mit jedem Atemzug werde ich gesünder und gesünder.
Mit jedem Atemzug werde ich glücklicher und freier.

Atmen heißt leben.
Atmen heißt entspannen.
Atmen heißt sein.

Ich bin Nichtraucherin/Nichtraucher.
Ich rauche nicht.
Ich vape nicht.

Ich vertraue voll und ganz auf die Weisheit meines Körpers.
Ich genieße und schätze meinen Körper.
Tag für Tag.
Ich genieße und kümmere mich jeden Tag
um meinen Körper.
Ich verstehe,

dass mein Körper mir dabei hilft,
meine Ideen zu verwirklichen.

Ich schätze mich wert
wie den größten Schatz in meinem Leben.
Ich verdiene es, gesund zu sein
und geliebt zu werden.

Ich weiß, dass mein geliebter Körper
das Zuhause für meine wunderbare Seele ist.
Ich verdiene es, zu leben.
Ich verdiene es, ein Leben voller Liebe zu leben.

Ich benutze meine Gedanken,
um meine Wirklichkeit zu kreieren.
Ich erschaffe meine Wirklichkeit.

Mit jedem Atemzug entspanne ich immer mehr.
Mit jedem Atemzug werde ich glücklicher und freier.

Ich rauche nicht.
Ich vape nicht.
Ich atme.

Atmen heißt entspannen.
Atmen heißt leben.
Atmen heißt sein.

Übrigens, vielleicht fragen Sie sich, wie es sein kann, dass ich in Skripts Verneinungen verwende. Es kursiert die Annahme, das Unterbewusstsein könne Wörter wie »nicht« nicht verstehen und filtere sie aus den Suggestionen heraus, sodass diese plötzlich genau das Gegenteil von dem aussagen, was man eigentlich erreichen möchte. Das ist aber nicht ganz korrekt. Ich als Hypnotiseur verwende regelmäßig Verneinungen, die ganz wunderbar funktionieren. Etwa »Du kannst deinen Arm nicht beugen«, »Du kannst deine Finger nicht voneinander lösen« oder eben »Du rauchst nicht«.

Lediglich Verneinungen, die zusammen mit einem sehr starken Bild geäußert werden, sind für unser Unterbewusstsein schwierig umzusetzen. Wenn ich sage »Denken Sie nicht an ein gelbes Postauto«, ist es unmöglich, nicht an das gelbe Postauto zu denken. Dem gegenüber geht das »nicht« einfach unter. Sie sehen, es ist immer wichtig, die Dinge differenziert zu betrachten.

Früher war alles besser? Die Nostalgie-Falle

Durchhänger hat jeder mal. Gerade wenn irgendwas im Leben schiefläuft, das triste Wetter an den Nerven zerrt oder der Stress groß ist, geht in unserem Unterbewusstsein schon mal der Nostalgie-Scheinwerfer an, der in großen Lettern »Früher war alles besser« an die Wand projiziert. In solchen Momenten kann es passieren, dass sich selbst glückliche Neu-Nichtraucherinnen und Neu-Nichtraucher wieder nach einer Zigarette sehnen und ehemalige Vaper nach dem Ritual des Dampfens. Wenn Ihnen das passiert, machen Sie sich keinen Kopf. So etwas ist normal. Sollten Sie in solchen Augenblicken eine Zigarette – oder auch zwei oder drei – konsumieren oder doch einmal wieder vapen, so ist das nicht schlimm. Ein Fehler wäre es erst, wenn Sie glauben, dass jetzt Hopfen und Malz verloren sei und Sie auch gleich wieder »richtig« anfangen könnten. Denken Sie dran: Nikotin macht nicht süchtig, darum machen weder Rauchen noch

Vapen süchtig! Genauso, wie Sie eine oder auch ein paar Zigaretten geraucht oder gedampft haben, können Sie auch sofort wieder damit anfangen, nicht zu rauchen.

Noch besser ist es natürlich, wenn Sie erst gar nicht in die Situation kommen, sich solche Gedanken zu machen. Für Durchhänger-Tage lege ich Ihnen darum eine gedankliche Übung ans Herz, die in den meisten Fällen die Motivation aus dem Graben rettet. Sie kann Sie davor bewahren, zum nächsten Kiosk zu traben, um Zigaretten zu kaufen oder sich neue Vapes zu besorgen.

MOTIVATIONSRETTUNG IN VIER SCHRITTEN

Nehmen Sie sich ein Blatt Papier zur Hand. Malen Sie darauf vier Spalten.

In der ersten Spalte schreiben Sie den Gedanken auf, der Ihnen gerade das Leben schwer macht. Etwa »Jetzt könnte ich wirklich eine Kippe gebrauchen« oder »Ich würde gerade sooo gern eine dampfen«.

In der zweiten Spalte schreiben Sie die Folgen auf, die Sie fürchten. Also das, was schlimmstenfalls passiert, wenn Sie Ihrem plötzlichen Wunsch nachgeben. Wichtig ist hier nüchterne Objektivität. Sie könnten etwa aufschreiben: »Wenn ich jetzt eine rauche, kann es sein, dass ich so enttäuscht von mir bin, dass ich wieder richtig anfange.« Oder: »Wenn ich nachgebe, behält mein Freund recht, der behauptet, ich könne nie etwas durchhalten.«

Die dritte Spalte ist dazu da, den negativen Gedanken zu entkräften, indem man die beiden ersten Spalten zusammennimmt und umdreht. In unserem Beispiel schreiben Sie etwa auf: »Ich rauche jetzt nicht, weil ich nicht wieder anfangen möchte zu rauchen.« Oder: »Ich dampfe jetzt nicht, damit *ich* recht behalte und nicht mein Freund. Ich *kann* etwas durchziehen!«

In der vierten Spalte schließlich wandeln Sie die negative Vermeidungsmotivation in eine positive Motivation um, indem Sie eine (be)lohnende Handlungsalternative finden. »Ich trinke jetzt eine Tasse Tee, weil ich weiter eine glückliche Nichtraucherin/ein glücklicher Nichtraucher sein möchte.« Oder: »Ich mache eine Yoga-Übung, weil ich meine Bedürfnisse so genauso befriedige.«

Oft hilft es bereits, diese kleine Übung zwischen das plötzliche Verlangen und den potenziellen Griff zur Zigarette oder E-Zigarette zu schieben, damit sich der Handlungsimpuls in Luft auflöst.

DIE LOSTROMMEL DER GLÜCKLICHMACHER

Um immer eine Reihe von Handlungsmöglichkeiten für Spalte vier – und auch ganz generell – zur Hand zu haben, die Ihnen nicht wie lächerliche Alternativen vorkommen, ist es empfehlenswert, sich rechtzeitig zu wappnen. Rechtzeitig heißt: Bevor Sie von plötzlicher Lust auf Ihr altes Laster übermannt werden. Setzen Sie sich einmal mit Ihrem Heft hin und schreiben Sie alle Aktionen nieder, die Sie erfahrungsgemäß glücklich oder zufrieden machen.

Denken Sie noch einmal daran, was Sie im ersten Kapitel erfahren haben: Natürlicherweise unterstützt uns unser Körper mit der Ausschüttung von Dopamin und dem Protein DeltaFosB, wenn wir etwas tun, was sich im Lauf der Evolution als lebens- oder arterhaltend herausgestellt hat, damit wir es beizeiten wiederholen: körperliche Bewegung, Sex, gutes Essen, soziale Aktivitäten, Regeneration und Entspannung. All diese Aktivitäten fühlen sich gut an und führen zum Ausstoß von verschiedenen körpereigenen Wohlfühl-Substanzen, etwa der »Glückshormone« Endorphine oder des Bin dungshormons Oxytocin. Ihre persönliche Glücklichmacher-Liste könnte zum Beispiel wie folgt aussehen:

- spazieren gehen,
- einen Freund anrufen,
- in der Badewanne lesen,
- einen Kuchen backen,
- Badminton spielen,
- eine Fußmassage,
- in Ruhe eine Tasse Kaffee mit frisch gemahlenen Bohnen aufbrühen,

etc.

Machen Sie doch einfach ein Spiel daraus und schreiben Sie jeden Ihrer persönlichen Glücklichmacher auf einen kleinen Zettel, den Sie wie ein Los zusammenfalten. Kommen Sie dann in eine Situation, in der Sie kurz davor sind, etwas zu tun, was Ihnen möglicherweise nicht guttut – ob das nun das Anstecken einer Zigarette ist oder das Öffnen einer Tüte Chips –, ziehen Sie einfach einen Zettel und führen erst einmal das aus, was darauf steht. Es ist sehr wahrscheinlich, dass sich Ihr Verlangen danach in Luft aufgelöst hat und Sie sich fragen: War da was?

Stress mit gedanklichem Jiu-Jitsu außer Kraft setzen

Einer der größten Feinde dauerhafter Veränderung ist Stress. Stress signalisiert dem Unterbewusstsein Zeitnot. Das setzt daraufhin unser zeitraubendes analytisches Denken außer Kraft und lässt uns auf Autopilot umschalten. Dann sitzt unser Unterbewusstsein allein am Ruder. Das klingt vielleicht erst einmal gut, schließlich ist es das Unterbewusstsein, das wir immer ansprechen wollen. Hier liegt der Fall aber anders. Unter Stress macht das Unterbewusstsein nämlich die Schotten dicht. Es kommt nichts Neues mehr herein, stattdessen wird zeitsparend auf alte Gewohnheiten zurückgegriffen. Gerne auf sehr alte Gewohnheiten. Haben Ihre neuen Verhaltensmuster als Nichtraucherin oder Nichtraucher oder als Person, die nicht dampft das alte Programm, das den Griff zur Zigarette oder E-Zigarette befiehlt, noch nicht vollständig umgeschrieben, kann passieren, was Sie unbedingt vermeiden wollen …

Damit es erst gar nicht so weit kommt, ist es natürlich sinnvoll, Stress zu vermeiden, so gut es eben geht. Doch wie wir alle wissen, klappt das nicht immer. Manchmal bricht Stress einfach ganz plötzlich ohne Vorwarnung über einen herein. Dann ist es vorteilhaft, wenn wir gelernt haben, den Stress unschädlich zu machen, indem wir ihn automatisch in eine entspannende Erfahrung umwandeln. Wir gehen dabei im Grunde vor wie ein Jiu-Jitsu-Kämpfer, der die Energie des Angreifers nutzt, um sich ganz mühelos und effektiv zu verteidigen.

Zu diesem Zweck habe ich eine Visualisierung entwickelt, die ich immer mit großem Erfolg in meinen Seminaren anwende. Ich hatte Ihnen bereits erklärt, wie man sogar eigentlich ablenkende Geräusche nutzen kann, um sich in tiefere Entspannung zu versetzen. Diese Visualisierung funktioniert ähnlich. Sie verwandelt den Stress zunächst in ein buntes, schönes Feuerwerk, das man mithilfe seiner Fantasie nach und nach in eine zutiefst entspannende Erfahrung überführt – der Stress wird zu seinem Gegenteil. Wenn Sie diese Visualisierung einige Zeit regelmäßig üben, gewinnen Sie die Fähigkeit, Stress einfach an sich abprallen zu lassen. Egal, wie plötzlich er auftritt. Das bedeutet einerseits weniger Rückfallgefahr in alte Rauchergewohnheiten, aber darüber hinaus steigt Ihre Lebensqualität ganz gewaltig. Chronischer Stress gilt als eine der Hauptursachen für viele Krankheiten, Stress belastet Beziehungen, Stress lässt uns unaufmerksamer im Straßenverkehr werden, Stress macht einfach keinen Spaß.

Zur Vorbereitung auf die Visualisierung möchte ich Sie bitten, einmal zu überlegen, welche Farbe Sie besonders entspannend finden. Denken Sie einfach an einen Regenbogen und gehen Sie das Farbspektrum einmal durch. Wenn Sie das getan haben, gilt es, einen Klang zu finden, der Sie ebenfalls entspannt. Das kann das Plätschern eines Baches sein, Regen auf einem Dachfester, das Klingeln von Kuhglocken oder auch ein ruhiges Jazz- oder Klassikstück, das Sie gut genug kennen, um es vor Ihrem »inneren Ohr« zum Leben erwecken zu können. Es sollte für Sie in Ordnung sein, diesen Klang eine ganze Weile am Stück zu hören.

Wenn Sie Ihren Klang und Ihre Farbe kennen, sind Sie so weit. Bitte machen Sie vor dieser Visualisierungsübung entweder die Elman-Induktion oder eine Atemmeditation. Falls Sie das Skript aufnehmen oder sich vorlesen lassen, können Sie auch eine Induktion verwenden, in der Sie rückwärts zählen. Nehmen Sie zu diesem Zweck einfach den Anfang des »Atme!«-Hypnoseskripts aus Kapitel zwölf zum Vorbild.

Ich setze wieder die Aussagen in Klammern, die nur relevant werden, wenn Sie das Skript aufnehmen oder sich vorlesen lassen.[8]

---

[8] Die folgende Visualisierung finden Sie ebenfalls in meinem Buch *Du kannst schaffen, was du willst. Die Kunst der Selbsthypnose*. Dort finden Sie außerdem noch weitere effektive Methoden zur Stressreduktion und lernen, wie Ihnen Selbsthypnose helfen kann, jedes gesteckte Ziel zu erreichen.

DAS FEUERWERK

Mach die Augen zu.
Entspanne dich.
Stell dir deine Farbe vor, die Farbe, die dich entspannt.

Stell dir vor, du sitzt in einem weißen Raum.
Die Wände sind weiß.
Der Boden ist weiß.
Der Stuhl, auf dem du sitzt, ist weiß.
Schau dich einen kleinen Moment um.
Du fühlst dich hier sehr wohl.

Mit jedem Geräusch, das du hörst, fühlst du dich wohler in diesem weißen Raum.
(Mit jedem Wort, das ich sage, kannst du noch mehr entspannen.)

Nun kannst du plötzlich eine Projektion an allen Wänden um dich herum sehen, die Projektion eines Feuerwerks.
Dieses Feuerwerk ist ganz bunt.

Nun kommt das Geräusch des Feuerwerks hinzu.
Es ist laut, und es kracht, direkt um dich herum.
Ganz nah explodiert das Feuerwerk in allen Farben.

Du schaust das Feuerwerk an.
Es wird lauter und lauter, es knallt, und es explodiert.
Es ist ein sehr schönes Feuerwerk, aber auch ein sehr lautes Feuerwerk.
Es explodiert und knallt.

Nun möchte ich, dass du dir vorstellst, wie dieses Feuerwerk die Farbe verändert.
Es färbt sich komplett in der Farbe, die du als entspannend empfindest.
Stell dir das genau vor.
Das Feuerwerk explodiert nur noch in dieser einen Farbe.
Um dich herum ist allein diese Farbe.

Es knallt immer noch, aber die Farbe ist jetzt da und entspannt dich.
Ein entspannendes Gefühl durchströmt dich bei diesem Anblick.

Nun stell dir vor, wie der Klang sich verändert.
Es knallt nicht mehr, zu hören ist dein Klang.
Der Klang, der dich entspannt.

Das Feuerwerk strahlt in deiner Farbe, und es macht das Geräusch, das dich unendlich entspannt.

Nun stell dir vor, wie diese Farbe, wie dieser Klang von den Wänden abstrahlen.
Wie diese Farbe, dieser Klang den ganzen Raum erfüllen.
Wie die Farbe und der Klang in dich eindringen.

Diese Entspannung, diese Farbe, dieser Klang erfüllen deinen ganzen Körper.
Du spürst nun, wie du selbst anfängst zu leuchten in dieser entspannenden Farbe.

Wie dieser entspannende Klang in dir schwingt und dich noch mehr entspannt.
Du strahlst in dieser wunderbar entspannenden Farbe.

Du spürst, wie du klarer und klarer denken kannst.
Wie du vollkommen entspannt bist.
Du spürst Klarheit im Geist, im Körper, der in dieser Farbe strahlt, der in diesem Klang schwebt.
Vollkommene Entspannung.
Absolute Klarheit.

Und während du jetzt in dieser Farbe bleibst und als diese Farbe strahlst
und dieser Klang in dir schwingt,
siehst du, wie außerhalb von dir das Feuerwerk wieder bunt wird.
Außerhalb von dir beginnt es wieder zu knallen.
Aber du spürst, wie du innerlich weiter in deiner Farbe strahlst und in deinem Klang bleibst.

Von diesem Moment an weißt du:
Wenn um dich herum auch noch so groß und laut ein Feuerwerk abgeht,
wenn es noch so laut knallt,
du leuchtest ruhig und entspannt in deiner Farbe.

Du spürst, wie du entspannst,
wie du klar denken kannst,
wie der Klang in dir,
die Schwingung in dir ist.

Nun lass das Feuerwerk um dich herum noch lauter werden.
Spüre, wie du dabei noch entspannter wirst, wie du in deiner Farbe bist.

Das Feuerwerk um dich herum verschwindet nun langsam, wird ausgeblendet.
Du bleibst noch einen Moment in deiner Farbe, in diesem Strahlen, in diesem Klang.

Und während das Feuerwerk außerhalb von dir verschwindet,
nehmen auch die Farbe und der Klang in dir langsam ab,
werden schwächer, leiser,
bis du ganz ruhig im weißen Raum sitzt.

Und von diesem Moment an, jedes Mal, wenn du in einer stressigen Situation bist, es um dich herum kracht, ein Feuerwerk abgeht,
dann musst du nur die Augen schließen, und du spürst wieder,
wie du selbst erstrahlst in dieser Farbe,
wie der Klang in dir schwingt,
wie du vollkommen entspannt bist.

(Ich zähle jetzt bis drei und)
bei drei öffnest du gleich deine Augen
und bist wieder zurück im Hier und Jetzt,
fühlst dich vollkommen wohl,

vollkommen entspannt,
absolut ausgeruht,
voller Energie.

Eins, atme tief ein,
Fülle den ganzen Körper mit Sauerstoff.

Zwei, Puls und Blutdruck normalisieren sich.

Drei, Augen auf und strecken.

Nachwort

Sie sind so frei!

Liebe Leserin,
lieber Leser,

Erinnern Sie sich an Frage fünf in Kapitel zwei? Da hatte ich Sie gefragt, warum Sie Nichtraucher oder Nichtraucherin sein möchten oder warum Sie nicht mehr vapen wollen. Bitte nehmen Sie noch einmal das Heft zur Hand, das Ihre Arbeit mit diesem Buch begleitet hat. Streichen Sie nun das »Ich will Nichtraucher/Nichtraucherin sein, weil …« oder das »Ich will nicht mehr vapen« durch und schreiben Sie ganz fett darüber:

Ich BIN Nichtraucher!
Ich BIN Nichtraucherin!
Ich vape nicht!

Ja, Sie sind nun tatsächlich Nichtraucher! Sie sind Nichtraucherin! Sie vapen nicht! Sie werden in Ihrem Leben nie wieder eine Zigarette oder E-Zigarette brauchen, denn Sie wissen: Es geht nur ums Atmen. Das, was Sie mit der Lektüre dieses Buchs geleistet haben, bedeutet aber noch mehr. Sie haben sich die Kontrolle über Ihr Leben zurückgeholt.

Sie sind frei, völlig frei.

Das, was Ihr Körper möchte – nämlich in erster Linie atmen –, können Sie ohne weitere Hilfsmittel, ohne auch nur einen Euro auszugeben, jederzeit überall tun. Sie müssen nicht mehr vor Restaurants und Kneipen oder auf Balkonen frieren, denn atmen dürfen Sie sogar im voll besetzten Kino. Sie müssen sich keine Sorgen mehr über vergilbte Wände in Mietwohnungen oder stinkende Kleidung machen. Sie sparen, auf ein paar Jahre gerechnet, Zehntausende Euro, die sie in die Ausbildung der Kinder investieren können. Oder in Reisen. In die Altersvorsorge. In Kunst. In eine Fotoausrüstung. Oder was auch immer Ihnen gefällt.

Sie sind ein tolles Vorbild. Für Freundeskreis. Für Ihre Familie. Für alle Menschen in Ihrer Umgebung. Nicht nur, weil Sie nicht mehr rauchen oder vapen, sondern weil Sie allen gezeigt haben, dass man etwas schaffen kann, wenn man nur wirklich möchte. Denn keine höhere Macht hat Ihnen geholfen, Sie haben das ganz allein geschafft. Sie haben die Entscheidung getroffen und sie umgesetzt. Das ist eine extrem wertvolle Erfahrung, die sich auch auf andere Lebensbereiche übertragen lässt. Sie können etwas verändern, wenn Sie wollen. Sie müssen sich nur dazu entschließen. Das Erkennen dieser wunderbaren Möglichkeit, dass die Gestaltung Ihres Lebens allein in Ihren Händen liegt, ist ein wertvolles Geschenk, das Sie zu Ihrem neuen Dasein ohne gesundheitsschädliche und einengende Gewohnheiten.

Oft kommen Klientinnen und Klienten zu mir und erzählen, wie ihr Entschluss, Nichtraucherin oder Nichtraucher zu werden, eine Welle von Positivem ausgelöst hat. Da gibt auch der Ehepartner plötzlich das Rauchen auf. Die Kinder fangen erst gar nicht an. Das rettet Leben. Ja, auch Sie retten Leben. Und natürlich erleichtern Sie sofort das Dasein Ihrer nächsten Mitmenschen. Niemand muss mehr passiv Ihren Zigarettenqualm mitrauchen oder Ihre schadstoffbelasteten Aerosole einatmen. Niemand muss sich mehr Sorgen um Sie machen, weil Sie rauchen oder vapen.

So viel Gutes!

Dabei ist alles, was Sie getan haben, zu atmen. Sie haben begriffen, dass Entspannung Atmung bedeutet. Klares Denken bedeutet mehr Sauerstoff im Gehirn. Ihr ganzes System, Ihr Körper, Ihr Geist, Ihr Bewusstsein und Unterbewusstsein, haben das gelernt. Das ist fast wie ein Wunder, aber nur fast. Jedes Mal, wenn Ihr Körper in Zukunft ruft: »Hallo, ich will atmen!«, wissen Sie, was Sie zu tun haben. Und Sie wissen vor allem, was Sie tun können. Tun Sie es. Sie können das. Sie sind Nichtraucher. Sie sind Nichtraucherin. Sie vapen nicht.

Wenn Sie demnächst jemand neugierig fragt, warum Sie nicht mehr rauchen oder vapen, dann sagen Sie einfach: Warum nicht? Ich rauche nicht! Ich vape nicht! Es geht niemanden etwas an, wie Sie das geschafft haben und warum.

Ich freue mich, dass ich Ihnen dabei helfen konnte, Ihren neuen Weg in ein schöneres, zufriedeneres, selbstbestimmteres, freieres und natürlich gesünderes Leben einzuschlagen. Aber bitte denken Sie immer daran: All das haben *Sie* erreicht. Sie ganz allein. Nicht ich habe das für Sie getan. Sie sind die Heldin! Sie sind der Held! Sie können stolz auf sich sein!

In diesem Sinne bedanke ich mich ganz herzlich bei Ihnen für Ihre Aufmerksamkeit und wünsche Ihnen noch ein langes, schönes, gesundes und selbstbestimmtes Leben. Ein Leben als Nichtraucher. Ein Leben als Nichtraucherin. Ein Leben als Mensch, der selbst bestimmt, welche Gewohnheiten er pflegt.

Ihr Jan Becker

Literatur

Abel, Millicent H.: *An Empirical Reflection on the Smile.* Edwin Mellen 2002

Alam, Murad; Barrett, Karen C. et al.: *Botulinum toxin and the facial feedback hypothesis: can looking better make you feel happier?* In: Journal of the American Academy of Dermatology, 58 (6), 1061 – 1072, 2008; doi: 10.1016/j.jaad.2007.10.649

Alexander, Bruce: *The Globalization of Addiction: A study in poverty of the spirit.* Oxford University Press 2010

Alpert, Hillel R.; Connolly, Gregory N.; Biener, Lois: *A prospective cohort study challenging the effectiveness of population-based medical intervention for smoking cessation.* In: Tobacco Control, 22 (1), 32 – 7, 2013; doi: 10.1136/tobaccocontrol-2011-050129

Aronson, Elliot; Carlsmith, J. Merrill: (1963). *Effect of the severity of threat on the devaluation of forbidden behavior.* In: The Journal of Abnormal and Social Psychology, 66 (6), 584 – 588, 1963; doi: 10.1037/h0039901

Banks, Emily; Joshy, Grace et al. *Tobacco smoking and all-cause mortality in a large Australian cohort study: findings from a mature epidemic with current low smoking prevalence.* In: BioMed Central Medicine (BMC Med), 13, article number 38, 2015; doi: 10.1186/s12916-015-0281-z

Becker, Jan: *Das Geheimnis der Intuition. Wie man spürt, was man nicht wissen kann.* Piper 2014

Becker, Jan: *Du kannst schaffen, was du willst. Die Kunst der Selbsthypnose.* Piper 2015

Becker, Jan: *Du wirst tun, was ich will. Hypnose-Techniken für den Alltag.* Piper 2012

Beirer, Julia: Suchtfaktor: Wie Island Jugendliche vor Alkohol und Gaming-Sucht schützt. In: Der Standard (online), 2022; abgerufen am 12. Oktober 2025 unter www.derstandard.de/story/2000137199785/suchtfaktor-wie-island-jugendliche-vor-alkohol-und-gaming-sucht-schuetzt

Bendau, Antonia; Petzold, Moritz; Ströhle, Andreas: *Bewegung, körperliche Aktivität und Sport bei depressiven Erkrankungen.* In: NeuroTransmitter, 33 (1–2), 52–61, 2022; doi: 10.1007/s15016-021-9343-y

Bundesinstitut für Risikobewertung: *E-Zigaretten – alles andere als harmlos.* Abgerufen am 12. Oktober 2025 unter www.bfr.bund.de/cm/343/e-zigaretten-alles-andere-als-harmlos.pdf

Crum, Alia J.; Corbin, William R. et al.: *Mind over milkshakes: mindsets, not just nutrients, determine ghrelin response.* In: Health Psychology, 30 (4), 424–429, 2011; doi: 10.1037/a0023467

Coué, Émile: *Autosuggestion. Wie man die Herrschaft über sich selbst gewinnt.* AT Verlag 2012

Crawford, Helen Joan; Allan, Steven N.: *Paired-associate learning and recall of high and low imagery words: moderating effects of hypnosis, hypnotic susceptibility level, and visualization abilities.* In: American Journal of Psychology, 109 (3): 353 – 372, 1996;
doi: 10.2307/1423011

Doll, Richard; Peto, Richard et al. *Mortality in relation to smoking: 50 years' observations on male British doctors.* In: British Medical Journal, 328(1519), 2004; doi: 10.1136/bmj.38142.554479.AE

DEBRA-Studie (Deutsche Befragung zum Rauchverhalten), Stand 8/2025, abgerufen am 13. Oktober 2025 unter debra-study.info/

Doherty, Martin J.; Campbell, Nicola M.; Tsuji, Hiromi et al.: *The Ebbinghaus illusion deceives adults but not young children.* In: Developmental Science, Vol. 13, 714 – 721, 2010;
doi: 10.1111/j.1467-7687.2009.00931.x

Duhigg, Charles: *Die Macht der Gewohnheit.* Berlin Verlag 2012

Esch, Tobias: *Die Neurobiologie des Glücks: Wie die Positive Psychologie die Medizin verändert.* Thieme 2011

Hartmann-Boyce, Jamie; Lindson, Nicola et al: *Electronic cigarettes for smoking cessation.* In: Cochrane Database of Systematic Reviews, 11. article number: CD010216., 2022; doi: 10.1002/14651858.CD010216.pub7.

Hanussen-Steinschneider, Erik Jan: *Das Gedankenlesen/Telepathie.* Walheim-Eberle 1920

Hari, Johann: *Chasing The Scream: The First and Last Days of the War on Drugs.* Bloomsbury USA 2015

Hofer, Sonja B.; Mrsic, Thomas D. et al.: *Experience leaves a lasting structural trace in cortical circuits.* In: Nature, 457, 313–317, 2009

Jausovec, Norbert; Jausovec, Ksenija; Gerlic, Ivan: The influence of Mozart's music on brain activity in the process of learning. In: Clinical Neurophysiology, 117 (12), 2703–2714, 2007; doi: 10.1016/j.clinph.2006.08.010

Kishimoto, Akihiro; Wu, Dan; O'Shea, Donal F.: *Forecasting vaping health risks through neural network model prediction of flavour pyrolysis reactions.* In: Nature Scientific Reports, 14, article number: 9591. 2024; doi: https://doi.org/10.1038/s41598-024-59619-x

Kowiański, Przemysław; Lietzau, Grażyna et al: *Nicotine-induced CREB and DeltaFosB activity is modified by caffeine in the brain reward system of the rat.* In: Journal of Chemical Neuroanatomy, 88, 1–12, 2018; doi: 10.1016/j.jchemneu.2017.10.005

Krämer, Tanja: *Schaltkreise der Motivation.* Zu finden auf: https://www.dasgehirn.info/denken/motivation/schaltkreise-der-motivation-986

Lamb, Sarah E.; Atherton, Nicky et al.: *Dementia And Physical Activity (DAPA) trial of moderate to high intensity exercise training for people with dementia: randomised controlled trial.* In: British Medical Journal (BMJ), 361, articke number k1675, 2018; doi: 10.1136/bmj.k1675

Naghavi, Mohsen; Kyu, Hmwe Hmwe ; et al. GBD 2023 *Causes of Death Collaborators. Global burden of 292 causes of death in 204 countries and territories and 660 subnational locations, 1990–2023: a systematic analysis for the Global Burden of Disease Study 2023.* In: The Lancet, 2025; doi: 10.1016/S0140-6736(25)01917-8

Planet Youth: *Planet Youth and the Islandic Prevention Model.* Artikel auf der offiziellen Projekt-Seite, abgerufen am 10. Oktober 2025 unter: planetyouth.org/the-icelandic-prevention-model/

Robins, Lee Nelken; Davis, Darlene H.; Goodwn, Donald W.: *Drug use by U. S. Army enlisted men in Vietnam: a follow-up on their return home.* In: American Journal of Epidemiology, 99 (4), 235–249, 1974

Robins, Lee Nelken: *Vietnam veterans' rapid recovery from heroin addiction: a fluke or normal expectation?* In: Addiction, 88, 1041–1054, 1993

Schein, Edgar H.: *The Chinese Indoctrination program for prisoners of war.* In: Psychiatry, 19, 149–172, 1956

Shreves, Alaina H.; Small, Scott R. et al.: *Amount and intensity of daily total physical activity, step count and risk of incident cancer in the UK Biobank.* In: British Journal of Sports Medicine, 59, 839–847, 2025: doi: 10.1136/bjsports-2024-109360

Siddiqi, Kamran; Husain, Scheherazade; et al. *Global burden of disease due to smokeless tobacco consumption in adults: an updated analysis of data from 127 countries.* In: BioMed Central Medicine (BMC Med), 18, article number 222, 2020; doi: 10.1186/s12916-020-01677-9

Stead, Lindsay F.; Perera, Rafael et al.: *Nicotine replacement therapy for smoking cessation.* In: Cochrane Library, 2012; doi: 10.1002/14651858.CD000146.pub4.

Watzlawick, Paul; Beavin, Janet H.; Jackson, Don D.: *Menschliche Kommunikation, Formen, Störungen, Paradoxien.* Huber 2011

Wilson, Frank R.: *Die Hand. Geniestreich der Evolution.* Klett-Cotta 2000

Yildiz, Mehmet: *What DeltaFosB Is and Why It Matters in Solving Addiction Problems.* In: Medium, 2022; abgerufen am 12. Oktober 2025 unter https://medium.com/sensible-biohacking-transhumanism/what-deltafosb-is-and-why-it-matters-in-solving-addiction-problems-624bbfdcd849

Verzeichnis der Übungen und Skripts

Von der Kraft eines außer-gewöhnlichen Gefühls

Jan Becker

Wow – Die Magie des Staunens

Dein Weg zu Kreativität, tiefer Freude und neuen Perspektiven

Piper Paperback, 272 Seiten
ISBN 978-3-492-06061-5

Wie lässt sich das innere Gleichgewicht wiederherstellen, in einer Zeit, in der wir mit Krisen und Ängsten konfrontiert sind? In der das Negative überhandzunehmen scheint, und positive Botschaften Mangelware sind? Jan Becker eröffnet in diesem Buch eine überraschende Perspektive und führt uns zurück zu einem lange unterschätzten Gefühl: dem Staunen. Staunen weckt unsere Neugier, erweitert unseren Blickwinkel und fördert unsere Kreativität. Der bekannte Hypnotiseur zeigt uns, wie wir diese Emotion nutzen können, um die Welt um uns herum – und die Welt in uns – besser zu verstehen und zu erweitern. Mit vielen verblüffenden Experimenten, beglückenden Meditationen und berührenden Geschichten.

Leseproben, E-Books und mehr unter www.piper.de